21世纪高等院校教材

国土与房地产实习教程

滕　丽　冯艳芬　韦国庆 等 编著

广东省质量工程项目:人文地理与城乡规划专业
综合改革试点项目和教学团队建设项目　　　资助
广州大学教材出版基金

科学出版社
北　京

内 容 简 介

　　本书结合国土与房地产实习教学的特点和要求，沿房地产产业链中的专业技术环节设计大纲，涵盖土地、房地产、物业管理的实习内容。根据土地管理、房地产管理和物业管理的外业和内业业务要求设计实习方案，训练学生从事土地管理、房地产管理、物业管理等工作的专业能力。内容包括土地调查、土地评价、土地规划、耕地利用与基本农田保护、建设用地利用与管理、土地登记与交易、房地产市场调研、房地产价格分析、房地产的区位认知、房地产项目定位、房地产测绘、物业经营与管理等。

　　本书可为高等院校土地管理、房地产管理和物业管理专业学生的实习实践提供辅助参考。

图书在版编目（CIP）数据

国土与房地产实习教程／滕丽等编著.—北京：科学出版社，2016
21世纪高等院校教材
ISBN 978-7-03-048764-3

Ⅰ.①国…　Ⅱ.①滕…　Ⅲ.①国土资源–资源管理–实习–中国–高等学校–教材　②房地产管理–实习–中国–高等学校–教材　Ⅳ.①F129.9-45 ②F299.233.3-45

中国版本图书馆 CIP 数据核字（2016）第 132000 号

责任编辑：文　杨　程雷星／责任校对：王　瑞
责任印制：赵　博／封面设计：迷底书装

科 学 出 版 社 出版
北京东黄城根北街 16 号
邮政编码：100717
http://www.sciencep.com
天津市新科印刷有限公司 印刷
科学出版社发行　各地新华书店经销
*
2016 年 6 月第 一 版　开本：787×1092　1/16
2016 年 6 月第一次印刷　印张：10 3/4
字数：255 000
定价：39.00 元
（如有印装质量问题，我社负责调换）

前　言

当前，高等院校应用型专业的教学改革方向是增加实践课程的学分和学时，提高实践教学的质量和效率。开发实习教程符合教学改革方向的需要，对高校应用型人才培养具有重要的支撑作用。

国土和房地产是地理学科的重要应用领域之一，也是广州大学地理科学学院多年致力于建设的学科特色方向之一。目前该方向的理论教程较多，但是适合应用型专业本科生实习教学的实习教程并不多见。本书编写的指导思想是沿着房地产产业链中的专业技术环节设计教材大纲，涵盖土地、房地产、物业管理的实习内容。根据土地管理的外业和内业业务要求设计可操作的实习方案，训练学生从事土地管理工作的专业能力。房地产的实习内容定位于中宏观层面的房地产咨询业务的训练；物业管理的实习方案定位在物业管理咨询和策划层面。本书是在广州大学地理科学学院的国土与房地产实习指导课程的基础上完成的，在编写中笔者试图探讨地理科学在国土和房地产领域的应用，兼顾实习方案的通用性和专用性。在教材使用中建议每一章节的理论部分作为实习前的培训要点，实习方案部分作为开展实习活动的参考。本书适合土地管理、房地产、物业管理专业的本科生使用，也可作为高校教师国土与房地产的实践教学指导书。

本书分为两部分，共十二章。土地部分由第一章至第六章构成，房地产部分由第七章至第十二章构成。土地部分的内容包括：第一章土地调查；第二章土地评价；第三章土地规划；第四章耕地利用与基本农田保护；第五章建设用地利用与管理；第六章土地登记和交易。房地产部分的内容包括：第七章房地产市场调研；第八章房地产价格分析；第九章房地产区位认知；第十章房地产项目定位；第十一章房地产测绘；第十二章物业经营与管理。其中，第一章至第三章由韦国庆编写；第四章至第五章由冯艳芬编写；第六章由冯艳芬、吴大放编写；第七章至第九章由滕丽编写；第十章由滕丽、胡建勇、卢君编写；第十一章由刘武编写；第十二章由滕丽、刘靖编写；全书统稿由滕丽完成。

在本书稿完成之际，感谢给予本书编写工作大力支持的各界人士，感谢广州大学地理科学学院林媚珍教授、杨木壮教授给予本书编写的鼓励和鞭策；感谢广州大学教学督导宋建阳先生在大纲制定和写作体例方面给予的建设性意见；感谢深圳市规划和国土资源委员会数字城市工程研究中心主任罗平先生，广东广量集团总裁何翠群女士，广东华远国土工程有限公司执行董事罗亚维先生等多年来为本书提供的宝贵的实习实践平台；感谢世联地产广州公司行政总监吴小薇女士，万科物业发展有限公司广州西北管理中心总经理陈丹女士，广州怡城物业管理有限公司城建大厦物业部经理施冠乔先生，广东信弛物业经营管理公司总经理黄晓智先生等行业人士为本书实习实践活动组织和实施所付出的不懈努力；感谢广州大学地理科学学院资源环境与城乡规划管理专业 2006 级以来学生们的积极参与，这为本书实习方案形成和修订奠定了良好的基础；感谢科学出版社文杨编辑为本书审稿和出版付出的辛劳；感谢广州大学地理科学学院研究生王小琴、高华、肖慧同学为本书进行的文字校对。总之，因为有了大家的帮助、支持和努力，才有本书的出版，在此一并谢过。另外由于水平有限，疏漏之处难免，欢迎批评指正。本书一切文责由编著者承担。

作　者

2016 年 4 月 10 日

目　　录

第一章 土地调查

第一节 基本理论知识

一、土地利用分类

土地调查应以土地利用分类体系为基础。自 1986 年《中华人民共和国土地管理法》颁布以来，我国已组织开展了三轮全国性土地利用规划的编制和修订工作。其中，第一轮土地利用总体规划的分类体系依据 1984 年制定的《土地利用现状调查技术规程》中的"土地利用现状分类及含义"确定的分类体系进行土地利用现状分析和规划，即将土地分为耕地、园地、林地、牧草地、居民点及工矿用地、交通用地、水域和未利用土地 8 个一级类和 46 个二级类。

1998 年修订后的《中华人民共和国土地管理法》将土地分为农用地、建设用地和未利用地。因此，第二轮土地利用总体规划编制所采用的规划分类体系是在原土地分类体系基础上进行归并和调整确定的。

随后为了利于全国城乡土地的统一管理和土地调查成果的扩大应用，在 1984 年发布的《土地利用现状调查技术规程》中制定的《土地利用现状分类及含义》和 1989 年 9 月发布的《城镇地籍调查规程》中制定的《城镇土地分类及含义》的基础上，2002 年国土资源部发布了《全国土地分类》（过渡期间适用）分类体系。经过进一步优化调整，2007 年 8 月国土资源部正式发布了《土地利用现状分类》（GB/T 21010—2007），并按照此分类体系开展了第二次全国土地调查。第三轮土地利用总体规划编制分类体系采用的《国土资源部办公厅关于印发市县乡级土地利用总体规划基础转换与各类用地布局指导意见（试行）的通知》（国土资厅发[2009]10 号文）和 2010 年发布的《土地利用总体规划编制规程》确定的规划分类体系，是在《土地利用现状分类》基础上进行归并和调整确定的。该土地规划分类采用二级分类，一级类 3 个，分别为农用地、建设用地、其他用地；二级类 10 个，其中，农用地分为耕地、园地、林地、牧草地、其他农用地，建设用地分为城乡建设用地、交通水利用地、其他建设用地，其他用地分为水域、自然保留地。

二、土地调查程序

以农村土地调查为例，土地调查分为县级调查与县级以上各级汇总两个阶段。其中，县级调查的基本步骤是：①外业调查，主要包括土地利用调查、土地权属调查、地籍测量、表格填写、现场记录等相关工作。②数据库建设，主要包括土地调查数据库及管理信息系统建设等。③成果制作，主要包括土地调查图件及表格的制作、报告编写等。④检查验收，主要包括对调查成果的自检、预检、验收、核查确认等各项工作。一般由县级组织自检，市级组织复查，省级组织验收，国家组织核查、确认。⑤成果资料归档和汇交，主要包括各项土地调查成果的存档、汇交及数据安全工作。县级以上各级汇总主要包括建立各级数据库及管理系统，开展数据和成果汇总。

三、土地调查成果检查

（一）成果完整性检查

成果完整性检查主要包括：检查提交的调查成果及资料是否齐全、完整，检查成果资料是否进行整理、归档，装订是否规范、易于检索。

（二）总体技术方法检查

1. 检查关键技术方法正确性

关键技术方法正确性检查包括：土地利用分类体系；地类认定；调查比例尺选择；数学基础；耕地坡度的分级和量算方法；田坎系数测算方法及面积扣除；面积计算方法；使用的调查界线。

2. 调查底图检查

调查底图检查包括现势性检查、格式检查、数学基础检查、平面精度检查及影像质量检查等。

（三）地类一致性检查

将农村调查数据库中土地利用要素与 DOM 套合，进行 100%地类一致性检查。

（1）以影像为依据，逐个检查土地利用图斑、线状地物的地类与对应在影像图上判读的分类是否一致。将认为不一致的记录在成果检查表，作为外业实地检查的依据。

（2）与影像对比，将界线移位大于图上 0.2mm 的土地利用图斑、线状地物，记录在检查表中，作为外业实地核查的依据。

（3）以影像为依据，将认为丢漏的图斑、线状地物等记录在成果检查表，作为外业实地核查的依据。

（四）原始调查图件及调查记录手簿检查

抽取图幅数 10%图幅，最少不少于 10 幅。检查内容如下。

（1）地类图斑：图斑划分、最小图斑上图标准、图斑编号注记符合标准，以及图斑地类编码与调查记录手簿记载是否一致。

（2）线状地物：上图标准、线状地物与境界或权属界关系的处理是否符合要求。线状地物地类编码、宽度是否与调查记录手簿记载一致。

（3）补测地物：补测地物的编号与记录手簿记载是否一致，记录手簿上的草图是否与原始调查图件相似。

（4）零星地物：若有零星地物，检查零星地物点位表示及编码是否与农村土地调查记录手簿记载一致。

（5）注记：权属单位、行政区域、主要地理名称是否标注。

（6）图幅整饰：图幅比例尺、图幅编号、内外图廓及经纬度注记、方里网、影像日期、坐标系、高程系、地图投影及分带、接合图表、调查人及日期、检查人及日期等是否齐全完整。

（五）权属调查成果检查

抽取不少于 5 个行政村的权属界线协议书进行全面检查，检查内容如下。

（1）调查底图上宗地编号是否符合规程要求。

（2）附图所示界线是否与调查底图上相似。

（3）界址点描述和界线描述是否准确，与附图标绘是否一致。

（4）界线所在图幅、位置的注记是否齐全，字迹是否清晰。

（5）附图是否标注权属单位名称，标注是否正确。

（6）协议书界线、双方指界人及调查人员是否签字、盖章。

（7）双方法人代表是否签字、盖章。

（8）签订日期是否填写。

（9）是否有涂改痕迹。

（10）争议界难以调处的，是否划定工作界线，并填写《权属界线争议原由书》。

（六）基本农田检查

基本农田检查主要内容为：①检查基本农田划定资料是否经依法批准；②检查基本农田调整资料是否经依法批准；③检查基本农田补划资料是否经依法批准；④全面检查数据库中的基本农田地块是否与基本农田划定和调整资料一致；⑤检查基本农田上图精度是否符合要求；⑥检查基本农田地块编号是否符合要求。

（七）外业检查

1. 检查比例

检查比例为：不少于 20% 的不一致图斑和线状地物，全部补测地物，以及不少于 5 个行政村的权属界线。

2. 检查方法

检查方法为：携带原始调查图件、调查记录手簿、标准分幅现状图、土地权属有关资料、调查成果检查表和必要的测量工具等到实地检查，记录检查结果。

3. 检查内容

检查内容如下。

（1）以实地现状为准，对照检查原始调查图件（或标准分幅现状图）上标绘内容与实地是否一致，包括图斑形状、地类，线状地物走向、地类和宽度等。

（2）检查权属界线位置、走向是否正确。

（3）检查补测地物的精度是否满足要求。

（八）数据库成果检查

数据库成果检查内容如下。

（1）扫描影像：扫描影像是否清晰，能够区分图内要素；纠正同名控制点最大误差不超过图上 0.2mm。

（2）分幅矢量：图内要素采集无错漏现象；要素的采集与底图相吻合，线划（点位）偏移不超过 0.2mm；数据拓扑严格无错误；数据层层名及点线面属性结构符合要求；属性数据值正确无丢漏。

（3）数据库：图层名称符合标准无丢漏；拓扑结构无错误；图层空间关系正确；线接边误差不超过图上 0.1mm；图斑中无碎片；属性数据输入正确。元数据：结构满足标准要求；数据项内容填写正确无丢漏。

第二节　土地调查实习

一、实习目的

通过土地调查方案的制订，熟悉土地调查流程和规范；通过实施样本区域的土地调查方案，掌握土地利用现状调查和权属调查中的外业操作方法。

二、实习内容与步骤

（一）制订土地调查方案

针对样本地区实际情况，制订第二次土地调查方案。任务分解为土地利用现状调查方案、土地权属调查方案。主要内容包括基本情况、资料情况、技术路线、技术方法、技术流程、时间安排、组织实施、质量控制及主要成果等。

（二）实施调查

分组完成地类现场调查及相关土地权属调查，完成相应表格的填写。

三、实习组织与实施

（一）前期准备

1. 图件的准备

图件的准备包括收集调查区域符合《第二次全国土地调查底图生产技术规定》的 1∶1 万正射影像图及采用西安 1980 坐标系统，"1985 国家高程基准" 1∶1 万标准分幅图。

2. 土地调查表格

准备土地调查的系列表格。

3. 土地权属资料

土地权属资料包括《土地权属界线协议书》《土地权属界线争议原由书》，以及宗地权属来源和土地登记等资料。

4. 已有土地调查资料

已有土地调查资料包括已有的土地调查图件、表格、文本和数据库等，如县级、乡级基本农田地块划定和调整的图件、表格、文件、说明等。

5. 土地管理有关资料

土地管理有关资料包括土地利用总体规划、农用地转用、土地开发整理复垦等资料。

6. 仪器、工具和设备准备

仪器、工具和设备包括全站仪、GPS 接收机、钢尺、计算机、外设和软件系统，以及交通运输工具等。

（二）进度安排

进度安排如表 1.1 所示。

表 1.1　进度安排

序号	实习形式	主要内容	学时（天/周）	成果
1	培训讲座	规范调查程序，统一调查方法和要求	半天	—
2	小组讨论	制订土地调查方案	半天	土地调查方案文本
3	外业调查（分组）	实现土地调查方案中的外业部分	2 天	—
4	内业数据处理	实现土地调查方案中的内业部分（包括）	2 天	文本和图件

第二章 土地评价

第一节 基本理论知识

一、土地评价概念

土地评价是根据不同的用地目的来评定土地的适宜性和生产潜力。实质是对土地质量的评价和对土地生产力高低的鉴定，是对土地自然属性和经济属性的综合鉴定，是为了合理利用土地和调整土地的收益分配，对土地功能的综合性评估。

二、土地评价的类别

1. 土地适宜性评价

土地适宜性评价是根据土地的自然和社会经济属性，研究土地对预定用途的适宜与否、适宜程度及其限制状况。根据评价的预定用途不同，适宜性评价可分为土地的农业适宜性评价和土地的城市适宜性评价，通过评价区域土地适宜于农、果、林、水产养殖等各业生产，以及适宜于城市建设的土地资源及利用不合理的土地资源的数量、质量及其分布，为区域土地利用结构和布局的调整、土地利用规划分区等提供科学依据。因此，土地适宜性评价是土地利用的基础评价。

土地适宜性评价的基本原理是：在现有的生产力经营水平和特定的土地利用方式条件下，以土地的自然要素和社会经济要素相结合作为鉴定指标，通过考察和综合分析土地对各种用途的适宜程度、质量高低及其限制状况等，对土地的用途和质量进行分类定级。

2. 土地集约利用评价

土地集约利用是相对土地粗放经营而言的，是在科学技术进步的基础上，在单位面积土地上集中投放物化劳动和活劳动，以提高单位土地面积产品产量和负荷能力的经营方式。土地集约利用是一个相对的、动态的发展概念。土地在不同空间尺度上，其土地集约利用侧重点不同。就宏观层次而言，城市土地集约利用强调的是城市综合效益，要求城市有合理的城市规模和城市性质及与之相协调的产业结构等；中观层次则强调用地功能和结构的合理性；微观层次侧重于单块土地的投入产出效益。土地集约利用评价是对土地节约集约利用程度的量化、分类及综合评价。

3. 可持续土地利用评价

可持续土地利用评价源于土地适宜性评价，以及更早的土地潜力评价和土地分类定级，它们共同构成土地评价的发展历程。对该评价内涵的认识中，主要有以下几种观点：①对土地利用的可持续性而做的评价，是一种针对土地利用现状的前瞻性评价，包括定性评价和定量评价；②可持续土地利用评价包括土地质量评价、土地生产潜力评价、土地资产评估和土地利用效果评价、土地使用制度评价、土地投入产出评价、土地管理效益评价；③可持续土地利用评价是对土地适宜性在时间方向的延伸趋势进行的一种判断和评估,是可持续发展思想在土地评价领域的体现;④可持续土地利用评价是对土地利用的可持续性评价,包括生态评价、经济评价和社会评价,评价过程的核心问题是综合三项评价做出最好的决策。

三、土地适宜性评价①

(一)评价原则

1. 针对性原则

针对一定的土地用途或利用方式进行土地的适宜性评价。不同的土地用途或利用方式对土地的性质有不同的要求,土地的适宜性只是针对某种具体的用途或利用方式才有其确切的意义。例如,地势低洼的土地可以种植水稻,但对农业的其他利用或造林就不一定适宜。设立哪些评价用途是根据规划需要确定的。例如,要评价耕地后备资源潜力,就设宜耕荒地类、宜耕废弃地类。又如,要研究城镇建设用地的适宜发展方向,就设宜城镇建设土地类。

2. 持续利用原则

土地对某种用途或利用方式的适宜性,是指土地在长期持续利用条件下的适宜性。经评定的适宜用途,是指在该种用途和利用方式下土地能持续利用,不会导致土地退化或其他不良后果。例如,陡坡开荒种植农作物,在初期能够得到一定的产量,但随着土壤侵蚀,土层变薄,最后导致基岩裸露,完全不能利用。因此,从持续利用的角度来看,陡坡开荒是不适宜的。在评价中应考虑土地用途改变引起的土地质量的变化,考虑土地退化和土地污染的危险,避免短期行为。

3. 比较原则

土地评价是对土地质量的鉴定,有比较才有鉴别。评价中要重视三个方面的比较:一是土地利用的需求与土地质量的匹配。土地质量能否满足一定土地利用的要求,主要是将土地质量的指标特征值与土地利用要求的条件的指标进行匹配,土地质量的指标特征值高于土地利用的限制性指标而确定土地的适宜性的。例如,橡胶林地的选择,必须首先明确橡胶能否生长及割胶的生理生态指标,然后依此指标来寻找其适生环境,再根据其适生环境中土地质量来具体评价。二是土地投入产出率比较。几乎任何土地都可以用作任何用途。但只有产出大于投入,即土地利用可以带来效益或利润的前提下,才能说明土地适合于一定的土地利用。三是土地适宜的多种用途的各自效益比较。

4. 辩证原则

土地适宜性评价要采用综合分析与主导因素相结合,以主导因素为主的方法。土地生产力和土地利用效益的高低受土地自然属性及社会经济、技术条件等多种因素的综合影响。因此,在土地适宜性评价中要全面考虑各种因素的作用,研究和分析各种因素的有机联系与综合效应,保证土地评价的准确性与可靠性。但是,影响土地质量的各个要素对土地生产力和土地利用效益的作用与影响并不能等量齐观,在评价中必须找出土地利用与土

---

① 参考 http://wenku.baidu.com/view/bba80d5b763231126edb11bc.html 的体系完成本节。

地质量匹配中的主要矛盾或主导因素。只有坚持综合分析与主导因素相结合，才可以保证其科学性与简捷性。

5. 实践性原则

在一个地区的土地适宜性评价中，评价对象和评价范围的提出，必须从实际出发，充分考虑当地的自然、社会和经济条件。规划期间不改变土地用途的地块可不做评价。土地适宜性评价并非必须采用统一的尺度和指标。不同区域应根据生产实际，针对不同的土地利用需要，选取不同的评价指标，建立不同的评价体系。这样，才能更好地满足土地利用规划需要，实现合理利用土地的目标。

6. 潜在适宜性原则

不仅要评定某一土地单元在目前状态下对某种土地用途和利用方式的适宜性，即当前适宜性，还要根据规划需要评定土地在经过改良后的潜在适宜性。

（二）评价程序

土地适宜性评价是一项技术性、综合性很强的工作，涉及多个学科，评价过程较为复杂。一般而言，土地适宜性评价可分为室内准备及资料收集、适宜性评价、成果整理三个阶段，具体进行土地适宜性评价的步骤如下：①明确的评价目的；②组织技术力量及准备评价用品；③评价对象的选择；④资料的收集；⑤评价因素的选择；⑥评价因子极限指标的确定与指标分级；⑦评价因子图的制作；⑧评价单元的划分；⑨评价因素权重的确定；⑩土地适宜类的确定；⑪土地适宜等的确定；⑫土地限制型的确定；⑬评价结果的核对；⑭面积量算、平差与统计；⑮土地适宜性评价的制作；⑯评价成果的分析与评述（图2.1）。

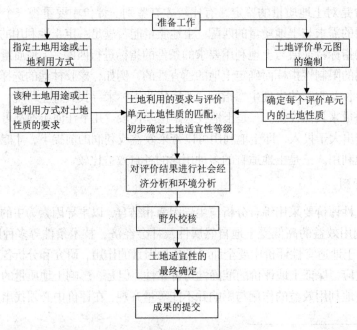

图2.1 土地适宜性评价程序框图

（三）评价单元的划分

土地资源评价之前，应先确定土地评价单元，土地评价单元是土地评价的基本单位。农用土地评价单元的划分有三种方法。

1. 以土壤类型为评价单元

以土壤图为基础，以土壤类型作为评价单元。其优点主要是能充分利用土壤调查中的资料，有较好的土壤和土地利用基础，只要将土地评价地区的土壤图连同土壤调查报告收集起来就可以确定土地评价单元的数量及其位置。其主要问题是土地评价单元在地面上往往缺乏明显限制，在许多情况下往往与地面的地界和行政界不一致。

2. 以土地利用类型为评价单元

以土地利用现状图上的土地利用类型图斑为评价单元，是农用土地评价中最常用的一种方法。其最大优点是土地评价单元的界限在地面上与田块的分布完全一致，用土地利用类型作为评价单元便于各种土地利用结构的调整和基层生产单位的应用。其主要问题是土地评价单元的土地性质选取很困难。因为土地性质只能在一个土地类型单元内才相对均一，而一种土地利用类型可能由多个土地类型构成，这样土地性质的选取就比较困难，从而可能使土地评价工作很难进行，或者使土地评价的结果不准确。

3. 以土地类型为评价单元

就是以土地类型图为基础，以土地类型作为评价单元。

（四）评价因子的选择和指标拟定

1. 评价因子的选择

1）气候条件

气候条件中气温与降水状况对植物的生长和发育起着决定性的作用，一个地区水热条件及其组合不仅决定作物的种类、熟制、产量和品质，而且在很大程度上决定土地利用方式和农业生产应采取的方向性措施，是农业生产的先决条件，是影响土地适宜性的基本因素。

2）地形条件

地形对区域内水热状况的再分配和土地物质的迁移起着重要的作用，也直接影响土壤与植被的发育。地形条件在很大程度上决定着土地利用、农田基本建设、土地改良与土地开发等的经济效益。

3）水文与水文地质状况

水文主要指地表水状况，是影响土地资源质量与农作物产量水平的重要因素之一。特别在干旱、半干旱、盐碱化和沼泽化地区，灌溉防洪排水等水文条件对土地利用的适宜性起到某种决定性的作用。水文地质条件主要指地下水状况，它影响土壤性状和土壤改良的可能性与难易程度，地下水位的高低和矿化度大小是土壤是否会沼泽化和盐碱化的决定因素。

4）环境质量状况

农田环境污染状况对农业生产和土地利用适宜性的影响越来越重要和明显，它不仅影响农业产品的品质，还在一定程度上影响农作物的产量水平。农田环境质量是当前城市化、工业化背景下，土地利用适宜性评价必须考虑的因素。

5）农业生产条件

农业生产条件，包括区域内的灌溉、排水等水利条件，沟、渠、路、林、井、电等田间工程配套情况，机械化水平及作物布局、品种、轮作制度、复种指数等。农业生产条件对土地利用状况及其产量和效益有重要影响。

6）区位条件

区位条件反映土地与城市、集镇的距离和相对位置，与行政、经济中心的相关位置，与河流、主要交通道路的相对关系。对于农用地来说，地理位置是决定土地利用方向、集约利用程度和土地生产力的重要因素，并对农业生产和产品疏通具有十分重要的影响。

2. 参评因素的指标分级

1）气候条件

降水因素通常用年降水量、湿润度或干燥度指标衡量。湿润度为年降水量与年蒸发量之比，湿润度>1.0，为湿润，种植旱作物稳定；湿润度0.6～1.0，为半湿润，种植旱作物基本稳定；湿润度0.3～0.6，为半干旱地区，种植旱作物不稳定；湿润度<0.3，为干旱，没有灌溉就没有农业。干燥度为蒸发量与降水量之比，干燥度<1.0，为湿润；干燥度1.00～1.29，为半湿润；干燥度1.30～1.49，为半干旱；干燥度>1.5，为干旱。

2）地形条件

（1）地形条件一般通过地貌类型、海拔、坡度、坡向、侵蚀程度等来衡量（表2.1）。

表 2.1　地貌类型划分标准

名称		切割程度	绝对高度（m）	相对高度（m）
山地	极高山	切割明显	>5000	>1000
	高山	深切割高山	3500～5000	>1000
		中切割高山		500～1000
		浅切割高山		100～500
	中山	深切割中山	1000～3500	>1000
		中切割中山		500～1000
		浅切割中山		100～500
	低山	中切割低山	500～1000	>500
		浅切割低山		100～500
丘陵	高丘			100～200
	中丘		<500	50～100
	低丘			<50
平原	高平原		200～600	<10
	低平原		<200	

（2）地形坡度分级参考标准如表2.2所示。

表2.2　地形坡度分级参考标准

坡度优劣评价	I	II	III	IV	V
地面斜角	<2°	2°～6°	6°～15°	15°～20°	>25°

3）有效土层与土壤耕层的参考

有效土层是指作物或木本植物根系能自由伸展的土层厚度，在实际土体中指作物能够利用的土壤母质层以上（有障碍土层时指障碍层以上）的土层厚度。对多年生作物来说，最佳土层厚度为150cm以上，临界厚度为75cm；块根作物的最佳厚度为75cm以上，临界值为50cm；谷类作物的最佳土层厚度在50cm以上，25cm为临界值。

（1）土壤耕层厚度与有效土层厚度分级参考标准如表2.3所示。

表2.3　土壤耕层厚度与有效土层厚度分级标准

优劣评级	I	II	III	IV	V
土壤耕层厚度（cm）	>40	25～40	15～25	10～15	<10
有效土层厚度（cm）	>100	50～100	30～50	15～30	<15

（2）主要作物适宜的土层厚度参考标准如表2.4所示。

表2.4　主要作物适宜的土层厚度参考标准　　　（单位：cm）

作物种类	土壤厚度	
	最佳厚度	临界厚度
小麦、大麦、高粱、玉米、大豆	>50	25～50
棉花、甜菜、甘薯、土豆	>75	50～75
旱稻	>100	50～100
水稻、花生	>100	75～100
橡胶、茶树、柑橘	>150	75～150

4）农田环境质量状况

农田环境质量状况因素可通过土壤环境质量指标反映（表2.5）。

表2.5　土壤环境质量分级标准　　　（单位：mg/kg）

项 目		一级	二级			三级
			土壤pH			
		自然背景	<6.5	6.5～7.5	>7.5	>6.5
镉	≤	0.20	0.30	0.30	0.60	1.00
汞	≤	0.15	0.30	0.50	1.00	1.50
砷	水田 ≤	15	30	25	20	30
	旱地 ≤	15	40	30	25	40
铜	农田等 ≤	35	50	100	100	400
	果园 ≤	—	150	200	200	400

续表

项　目		一级	二级			三级
			土壤 pH			
		自然背景	<6.5	6.5~7.5	>7.5	>6.5
铅	≤	35	250	300	350	500
铬	水田 ≤	90	250	300	350	400
	旱地 ≤	90	150	200	250	300

5）参评因素综合分值的计算

参评因素综合分值在各因素质量分值量化基础上，采用以下方法计算得到。

加权求和

$$H = \sum_{i=0}^{n} w_i f_i$$

几何平均法

$$H = \left(\prod_{i=0}^{n} f_i \right)^{\frac{1}{n}}$$

式中，H 为综合分值；i 为参评因素编号；w_i 为第 i 个参评因素的权重；f_i 为第 i 个参评因素的质量分值；n 为参评因素总数。

（五）评价方法

土地适宜性评价方法主要体现在确定评价因子及其权重和综合评价方面，在确定因子权重方面，常用的有特尔菲法，但该方法咨询周期较长，而且主观随意性大；线性回归也是常用的确定因子权重的方法，该方法的缺点在于计算时要求较大的样本数量，而且因变量和自变量之间的线性关系要比较明显；层次分析法常被用来确定由多个层次级别构成因子权重；模糊综合评判也常被用来确定因子权重。

综合评级方面，采用限制评分法，使用定性、定量相结合做土地适宜性评价，主要是突出评价因子限制性在评价中的作用。加权求和法能较为综合地考虑土地适宜性的影响因子，因而一直受到重用。但是，加权求和法有时不能突出主要限制因子的作用，而将二者结合进行土地适宜性评价会使结果更加客观、可靠。

线性回归也可被用作土地适宜性综合评价，该方法简单易行，但是对评价经验要求很高。此外，模糊数学模型在土地适宜性评价中的应用也较广泛，该方法可较好地解决土地适宜性等级归属模糊性问题，提高土地适宜性评价的精度。

在进行土地适宜性评价时，一般都要确定因子权重的步骤，这使主观因素在所难免，而人工神经网络，尤其是 BP 神经网络，近年来不断被应用，是一种值得借鉴的方法。

四、开发区土地集约利用评价

（一）开发区土地集约利用的概念

开发区是国家或地区为吸引外部生产要素、促进自身发展而规划的一片范围，并在其中实施特殊政策和管理手段的特色区域。开发区具有以下特征：①开发区形式多样化，包括经济技术开发区、保税区（自由贸易区）、高新技术产业开发区、台商投资区、边境经济合作区等。②开发区分布形式多样化，例如，经济技术开发区和保税区大多分布在沿海、沿江港口城市及大型工业基地，边境经济合作区则在内陆国境口岸地区，高新技术产业区分布在科技实力比较强的大中城市。③有的区内套区，如大连、广州、福州等市的保税区都在经济技术开发区中。

开发区土地集约利用是以符合有关法规、政策、规划等为导向，通过增加对土地的投入，改善经营管理，挖掘土地利用潜力，不断提高开发区土地利用效率和经济效益的一种开发经营模式。

（二）评价原则

（1）综合性原则。所选择的评价方法和指标必须从多方面反映开发区土地集约利用的内涵，开发区土地集约利用的本质是通过增加对土地的投入，不断提高土地的利用效率和经济效益的一种开发经营模式，目的在于挖掘土地使用潜力，节约土地资源。因此，指标体系的设计必须包括土地利用状况、经济效益、管理绩效等方面内容，全面考察和评价开发区土地利用集约程度。

（2）主导性原则。重点分析对土地集约利用起支配作用的主导因素，并将其作为评价指标选取的重要依据。

（3）政策导向性原则。充分反映开发区的定位、发展方向及其在区域经济中发挥的作用，体现国家相关政策导向。

（4）因地制宜原则。由于开发区的区位条件、类型、发展阶段等不同，土地集约利用评价标准会有所差异。应充分考虑经济、社会发展的时空差异，根据开发区自身实际，确定土地集约利用程度评价指标的理想值和权重值。

（5）点面结合原则。应对开发区经批准并依法公告界限范围内的全部土地进行评价。为深化调查评价结果，分析开发区内企业用地状况，应在整体评价的基础上，选择典型样点深入分析。整体评价与典型分析相互结合、相互验证。

（三）评价程序

1. 指标确定

程度评价指标体系包括目标、子目标和指标三个层次。开发区土地集约利用程度评价指标体系可从土地利用状况、用地效益和管理绩效三个方面构建（表2.6）。

表 2.6　开发区土地集约利用程度评价指标体系

目标	子目标	指标	说明
土地利用状况（A）	土地开发程度（A1）	土地开发率（A11）	截至评价时点
		土地供应率（A12）	截至评价时点
		土地建成率（A13）	截至评价时点
	用地结构状况（A2）	工业用地率（A21）	截至评价时点
		高新技术产业用地率（A22）	截至评价时点
	土地利用强度（A3）	综合容积率（A31）	截至评价时点
		建筑密度（A32）	截至评价时点
		工业用地综合容积率（A33）	截至评价时点
		工业用地建筑密度（A34）	截至评价时点
用地效益（B）	产业用地投入产出效益（B1）	工业用地固定资产投入强度（B11）	取历年累计值
		工业用地产出强度（B12）	截至评价时点
		高新技术产业用地产出强度（B13）	截至评价时点
管理绩效（C）	土地利用监管绩效（C1）	到期项目用地处置率（C11）	截至评价时点
		闲置土地处置率（C12）	截至评价时点
	土地供应市场化程度（C2）	土地有偿使用率（C21）	截至评价时点
		土地招拍挂率（C22）	2002 年 7 月 1 日至评价时点

2. 指标计算

评价指标现状值的计算，结合用地调查和指标确定开展。在土地利用监管绩效子目标的有关指标现状值计算中，若评价时点不存在有偿使用且已到期未处置的项目用地、未处置的闲置土地，有关指标现状值直接赋值为 100%。

3. 指标权重确定

评价指标的权重应依据评价的目标、子目标、指标对土地集约利用的影响程度进行确定。评价目标、子目标、指标的权重值为 0~1，各目标权重值之和、同一目标下的各子目标权重值之和、同一子目标下的各指标权重值之和都应为 1。指标权重可以采用特尔斐法、因素成对比较法、层次分析法等确定。

1）特尔菲法

通过对评价目标、子目标、指标的权重进行多轮专家打分，按式（2.1）计算权重值。

$$W_i = \frac{\sum_{j=1}^{n} E_{ij}}{n} \qquad (2.1)$$

式中，W_i 为第 i 个目标、子目标或指标的权重；E_{ij} 为专家 j 对于第 i 个目标、子目标或指标的打分；n 为专家总数。

实施要求：①参与打分的专家应熟悉城市、经济社会发展和土地利用状况，总数为

10～40 人；②打分应根据评价工作背景材料和有关说明，在不相互协商的情况下独立进行；③从第二轮起，打分必须参考上一轮打分结果进行；④打分一般进行 2～3 轮。

2）因素成对比较法

通过对所选评价指标进行相对重要性两两比较、赋值，计算权重值。

实施要求：①比较结果要符合 A 指标大于 B 指标，B 指标大于 C 指标，A 指标也大于 C 指标的关系；②指标的赋值应为 0～1，且两两比较的指标赋值之和等于 1。

3）层次分析法

通过对评价目标、子目标、指标相对重要性进行判断，组成判断矩阵，计算权重值。实施要求：判断矩阵必须通过一致性检验。

4. 指标理想值确定

1）理想值确定原则

（1）理想值应依照节约集约用地原则，在符合有关法律法规、国家和地方制定的技术标准、土地利用总体规划和城市总体规划等要求的前提下，结合实际确定。

（2）当采用相关技术标准作为确定理想值的依据时，应注意评价对象涉及的指标理想值与相关技术标准在数据口径等方面的对应关系。

（3）理想值原则上应不小于现状值。

2）理想值确定方法

（1）目标值法：根据国家、区域等国民经济和社会发展规划等目标，结合土地利用总体规划、城市规划、有关用地标准、行业政策等，确定指标理想值。

（2）发展趋势估计法：在遵循节约集约、合法合规用地原则的前提下，结合社会经济发展状况和趋势估测指标理想值，趋势估计期限宜为 3～5 年。

（3）先进经验逼近法：借鉴国内外土地节约集约利用经验，确定指标理想值。

（4）专家咨询法：选择一定数量的专家咨询确定指标理想值，咨询专家数量为 10～40 人。

5. 指标标准化

1）指标标准化方法

评价指标标准化应采用理想值比例推算法。以指标实现度分值进行度量，按式（2.2）计算。

$$S_{ijk} = \frac{X_{ijk}}{T_{ijk}} \times 100\% \qquad (2.2)$$

式中，S_{ijk} 为 i 目标 j 子目标 k 指标的实现度分值；X_{ijk} 为 i 目标 j 子目标 k 指标的现状值；T_{ijk} 为 i 目标 j 子目标 k 指标的理想值。

2）指标实现度分值确定原则

评价指标实现度分值应为 0～100%，当大于 100% 时，该项指标的实现度分值记为 100%。

6. 土地利用集约度分值计算

1）子目标分值计算

土地利用集约度各子目标分值按照式（2.3）计算。

$$F_{ij} = \sum_{k=1}^{n} \left(S_{ijk} \times W_{ijk} \right) \tag{2.3}$$

式中，F_{ij} 为 i 目标 j 子目标的土地利用集约度分值；S_{ijk} 为 i 目标 j 子目标 k 指标的实现度分值；W_{ijk} 为 i 目标 j 子目标 k 指标相对 j 子目标的权重值；n 为指标个数。

2）目标分值计算

土地利用集约度目标分值按照式（2.4）计算。

$$F_{i} = \sum_{j=1}^{n} \left(F_{ij} \times W_{ij} \right) \tag{2.4}$$

式中，F_i 为 i 目标的土地利用集约度分值；F_{ij} 为 i 目标 j 子目标的土地利用集约度分值；W_{ij} 为 i 目标 j 子目标相对 i 目标的权重值；n 为子目标个数。

3）集约度综合分值计算

土地利用集约度综合分值按照式（2.5）计算。

$$F = \sum_{i=1}^{n} \left(F_{i} \times W_{i} \right) \tag{2.5}$$

式中，F 为土地利用集约度综合分值；F_i 为 i 目标的集约度分值；W_i 为 i 目标相对总目标的权重值；n 为目标个数。

五、建设用地的节约集约利用评价

建设用地节约集约利用是通过降低建设用地消耗、增加对土地的投入，不断提高土地利用效率和经济效益的一种开发经营模式。开展建设用地节约集约利用评价的目的是全面掌握区域、城市建设用地节约集约利用状况，科学管理和合理利用建设用地，提高土地利用效率，为国家和各级政府制定土地政策和调控措施，土地利用规划、计划及相关规划提供科学依据。

（一）评价体系构建

建设用地节约集约利用评价是以建设用地节约集约利用内涵为基础，评价的指标体系需要考虑多个原则：全面性和主导性原则、定量与定性原则、可操作性原则、可持续利用原则等。指标体系应是由一系列从各个方面反映被评价对象的数量和质量规定的各种指标形成的有机评价系统（表 2.7）。

表 2.7 建设用地节约集约利用评价指标体系

目标层	准则层	指标层	选择要求
利用强度	人口密度	城乡建设用地人口密度：指基准年的总人口规模与城乡建设用地总面积的比值，单位为人/km²	定量评价，必选
	经济强度	建设用地地均固定资产投资：指基准年之前的 3 年（含基准年）的全社会固定资产投资总额的平均值与基准年的城乡建设用地总面积的比值，单位为万元/km²	定量评价，必选
		建设用地地均地区生产总值：指基准年的地区生产总值与建设用地总面积的比值，单位为万元/km²	定量评价，必选
	建设强度	城市综合容积率：指基准年年末或评价时点的中心城区的建设建成区内总建筑面积与用地面积的比值，无量纲	定量评价，备选
增长耗地指数	人口增长耗地	单位人口增长消耗新增城乡建设用地量：是指基准年的新增城乡建设用地量与人口增长量的比值，单位为 km²/人	定量评价，必选
	经济增长耗地	单位地区生产总值耗地下降率：是指基准年前一年的单位地区生产总值耗地与基准年的单位地区生产总值耗地的差值占基准年前一年单位地区生产总值耗地的比例，单位为%。其中，单位地区生产总值耗地是指建设用地总面积与其承载的地区生产总值的比值	定量评价，必选
		单位地区生产总值增长消耗新增建设用地量：是指基准年的新增建设用地量与同期地区生产总值增长量的比值，计量单位为 km²/万元	定量评价，必选
		单位固定资产投资消耗新增建设用地量：是指基准年的新增建设用地量与全社会固定资产投资总额的比值，单位为 km²/万元	定量评价，必选
用地弹性	人口用地弹性	人口与城乡建设用地增长弹性系数：是指基准年之前 3 年（含基准年）的人口增长幅度与同期城乡建设用地增长幅度的比值，无量纲	定性、定量分析，必选
	经济用地弹性	地区生产总值与建设用地增长弹性系数：是指基准年之前 3 年（含基准年）的地区生产总值增长幅度与同期建设用地总面积增长幅度的比值，无量纲	定性、定量分析，必选
贡献比较	人口贡献度	人口与城乡建设用地增长贡献度：指基准年之前 3 年（含基准年）的人口增长量占全部评价对象的总人口增长量的比重，与同期城乡建设用地增长量占全部评价对象的城乡建设用地增长总量的比重之比值，无量纲	定性分析，必选
	经济贡献度	地区生产总值与建设用地增长贡献度：指基准年之前 3 年（含基准年）的地区生产总值增长量占全部评价对象的地区生产总值增长总量的比重，与同期建设用地增长量占全部评价对象的建设用地增长总量的比重之比值，无量纲	定性分析，必选
管理绩效	城市用地管理绩效	城市土地供应市场化比率：指基准年以招标、拍卖、挂牌出让方式的城市土地总量，占以出让、划拨方式供应的城市土地总量的比值，单位为%	定量评价，必选
		城市闲置空闲土地与供应量比率：指评价时点的城市闲置土地、空闲土地总面积，占基准年土地供应总面积的比重，计量单位为%	定量评价，备选
		城市批次土地供应比率：指基准年之前 3 年（不含基准年）的实际供应城市土地总量与经批准允许供应的城市土地总量的比值，数值以%表示	定量评价，必选

（二）指标的标准化

可以按照极值标准化的方法对各指标值进行标准化处理。

$$S_{io} = \frac{a_i - t_i}{a_{max} - a_{min}} \tag{2.6}$$

式中，S_{io} 为第 i 项指标的标准化初始值；a_i 为第 i 项指标的评价对象实际值；t_i 为第 i 项指标的评价对象平均值；a_{max} 为第 i 项指标的评价对象最大值；a_{min} 为第 i 项指标的评价对象最小值。

（三）权重的确定

权重确定的方法可以采用特尔菲法、因素成对比较法、层次分析法等。

（四）评价得分的计算

1. 准则层得分计算

$$a_j = \sum_{i=1}^{n}(w_{ji} \times S_{ji}) \times 100 \tag{2.7}$$

式中，a_j 为第 j 项准则层的得分；w_{ji} 为第 j 项准则层下第 i 个指标的权重；S_{ji} 为第 j 项准则层下第 i 个指标的标准化值；n 为第 j 项准则层下的指标个数。

2. 目标层得分计算

$$\beta_k = \sum_{j=1}^{n}(W_{kj} \times a_j) \tag{2.8}$$

式中，β_k 为第 k 项目标层的得分；W_{kj} 为第 k 项目标层下第 j 个准则层的权重；a_j 为第 j 项准则层的得分；n 为第 k 项准则层个数。

3. 评价总得分计算

根据各项得分，可综合形成评价区域建设用地节约集约利用状况定量评价的总得分。

$$总得分 = \sum_{k=1}^{n}(W_k \times \beta_k) \tag{2.9}$$

式中，W_k 为第 k 项目标层的权重；β_k 为第 k 项目标层的得分；n 为评价目标层的个数。

第二节　建设用地节约集约利用评价实习

一、实习目的与要求

1. 实习目的

（1）加深对建设用地的基本概念、分类及特征的理解与认识，了解建设用地利用与管理中存在的问题。

（2）熟悉建设用地节约集约利用评价的基本流程。

（3）掌握建设用地节约集约利用评价的方法与基本技能。

2. 实习要求

（1）收集评价区域近几年人口、经济与建设用地的相关数据。

（2）借鉴《建设用地节约集约利用评价规程》（TD/T1018—2008）要求，开展评价区域建设用地节约集约利用评价。

（3）绘制评价区域的建设用地节约集约利用评价结果图。

（4）撰写评价区域建设用地节约集约评价报告。

二、实习准备工作

1. 确定评价区域

各小组依据资料收集的可行性，以完整的行政单元内的建设用地为评价对象，确定评价区域，可以是市级、县级或镇级行政单元。

2. 学习《建设用地节约集约利用评价规程》

了解《建设用地节约集约利用评价规程》（以下简称《规程》）中对评价原则、评价范围、评价指标、评价步骤、评价方法等内容的要求。

3. 分析评价指标体系构成内容

参照上述理论阐述内容及《规程》要求，从评价单元资料可获取性、全面性、动态性等原则出发，分析构建建设用地节约集约评价指标体系需要考虑的内容与方面。

4. 收集基础数据

利用相关的统计年鉴、报表、网络数据库等多方资源，收集评价区域基本的人口、经济与土地利用等相关的各类型数据（表2.8）。

表 2.8　基本数据收集表

	数据类别	（$t-3$）年	（$t-2$）年	（$t-1$）年	t 年
人口数据	常住人口（万人）				
	户籍人口（万人）				
经济数据	地区生产总值（万元）				
	全社会固定资产投资（万元）				
土地利用	土地总面积（km²）				
	建设用地面积（km²）				
	新增建设用地面积（km²）				
土地供应	批准批次土地面积（hm²）				
	实际供应城市土地总量（hm²）				
土地市场	城市划拨用地（hm²）				
	城市出让用地（hm²）				
土地闲置	城市闲置土地（hm²）				
	城市空闲土地（hm²）				

三、实习内容与步骤

（1）明确评价对象。

（2）定性分析评价区域内的建设用地与社会、经济发展的协调状况，初步判断建设用地的利用趋势。

（3）建立影响评价区域建设用地节约集约利用状况的指标体系，确定相应权重，进行各评价指标的标准化处理。

（4）计算评价对象的各项评价得分值。

（5）根据定量评价得出的评价区域建设用地节约集约利用状况评价结果。

（6）编制评价成果报告、图件和基础资料汇编。

四、实习注意事项

（1）评价区域要为完整行政单元，以统计年鉴上的统计单元为对象，方便评价指标各数据的计算。

（2）熟悉《规程》，借鉴其中的评价方法与评价步骤完成评价结果。

（3）评价成果图绘制要遵循一定的制图规范。

（4）建设用地节约集约评价结果报告要包括：评价区域基本概况介绍（包括建设用地的数量、类型、存在问题等）、评价的过程、评价的结果与结果的分析等。

第三章 土地规划

第一节 基本理论知识

一、资料调查

根据规划需要解决的土地利用问题和规划目标,有针对性地收集行政区划、区位条件、自然条件与资源、人口状况、经济社会生态环境、土地利用状况、相关规划成果等方面的资料。具体如下。

(1)行政区划与区位条件:包括行政建制与区划、县辖区面积、城镇村数量分布、毗邻地区等情况;区位优势、所处地域优势和产业优势情况。

(2)自然条件与资源:包括气候气象、地貌、土壤、植被、水文、地质、自然灾害(如洪涝、地震、地质灾害)等情况;水资源、森林资源、矿产资源、生物资源、海洋资源、景观资源等情况。

(3)人口状况:包括历年总人口、总户数、人口密度、城镇人口、乡村人口、人口自然增长、人口机械增长等情况;户籍人口、常住人口、暂住人口、劳动力就业构成、剩余劳动力流向、外来劳动力从业等情况。

(4)经济社会生态环境:包括县域经济社会综合发展状况、历年国内生产总值、财政收入、固定资产投资、人均产值、人均收入、农民纯收入、贫困人口脱贫等情况;产业结构、主导产业状况及发展趋势,城镇化水平、村镇建设状况;城乡建设及基础设施,能源、采矿业发展,对外交通、通信、邮电、商业、医疗、卫生、文化教育、风景名胜、古迹文物保护、旅游发展、民族文化等情况;农田基本建设、水利建设、防护林建设等情况;生态环境状况(土地退化、土地污染、水土流失等),生态环境保护、防治污染、环境卫生建设等情况。

(5)土地利用状况:包括土地利用现状调查成果;土壤普查、坡耕地调查评价、待开发土地资源调查、土地适宜性评价、农用地分等定级调查评价、土地执法检查、土地督察、土地动态遥感监测等成果。

(6)相关规划成果:包括地形图、遥感影像图、上一轮县级土地利用总体规划、上级土地利用总体规划,已有的基本农田保护、土地整理复垦开发、土地生态保护建设规划等土地利用专项规划资料、图件及其实施情况;涉及本县域的城市规划(城镇体系规划)、村镇规划(村镇体系规划)、开发区规划、农业综合开发规划、江河流域综合整治规划、自然保护区规划、风景名胜保护规划、地质灾害防治规划、生态建设和环境保护规划,海洋功能区划,交通、水利、环保、旅游等相关部门涉及土地利用的规划成果等。

二、大纲文本编写

规划大纲文本主要内容包括：①前言。编制的目的、依据、任务、规划范围和规划期限等。②规划背景。简述县域概况、上轮规划实施的评价结论、土地资源利用现状和特点、土地利用的主要问题与土地供需初步分析结论。③规划目标。阐明规划指导原则、规划目标和主要调控指标。④土地利用结构和布局调整。⑤其他规划设想。⑥规划实施的主要保障措施。⑦相关附表。包括土地利用主要调控指标表、土地利用结构调整表、土地用途分区面积表、耕地保有量变化情况表、重点建设项目用地规划表、规划控制指标表、基本农田调整分析表。

规划大纲需进行空间要素表达时，可编制形式简明、示意性、体现规划目标和主要用地布局设想的相应图件。有关材料包括与大纲编制相关的说明、研究报告、土地利用现状图、与规划大纲内容深度相对应的规划图件等。规划大纲论证应立足现行规划实施评价和基础研究，在充分吸收各有关部门、乡（镇）意见的基础上，重点对规划的指导原则、方针目标及目标实现途径进行论证，对主要用地的供需进行综合平衡，开展土地利用结构和布局调整的多方案评价，提出土地利用的总体安排。

三、土地利用总体规划编制

（一）编制重点

规划编制应根据经论证、审定的规划大纲，深化相关研究，完善规划内容，编制规划文本、图件和说明，建立规划成果数据库。

规划编制应重点开展以下工作：①规划目标确定；②土地利用结构和布局调整；③土地用途区划定，制订土地用途区管制规则；④建设用地空间管制；⑤土地整治安排；⑥土地利用控制；⑦近期规划安排；⑧规划实施措施制订。

（二）规划目标确定

县级规划编制，应以科学发展观为指导，围绕实施经济社会发展战略，着眼解决土地利用的重大问题，提出规划期间土地利用调控目标。

确定规划目标的依据主要包括：国民经济与社会发展规划；上级规划的要求；县域资源环境与经济社会状况；土地供需状况与土地利用的主要问题等。

规划目标主要包括以下方面：保护耕地特别是基本农田；保障经济社会发展的必要用地；保护和改善生态环境；推进节约集约用地和农村土地整治等。

规划目标应通过具体的指标量化，主要包括耕地保有量、基本农田保护面积、城乡建设用地规模、新增建设占用耕地规模、土地整治补充耕地面积、人均城镇工矿用地、建设用地总规模、新增建设用地总量、新增建设占用农用地规模、交通水利等基础设施用地规模、城镇工矿用地规模、土地集约用地指标等。

四、土地利用结构和布局调整

（一）设定国土生态屏障网络用地

（1）落实上级规划确定的基础性生态用地的规模和布局。

（2）保护县域内森林、江河湖泊、苇地沼泽和海岸线，保护具有重要生态功能的各类用地，保障生态网络的连续性与完整性，形成基本生态屏障。

（3）统筹协调生态屏障用地与生产、生活用地，保留原有乡土、民俗和休闲用地。

（4）在市级生态用地布局的基础上，提出主要生态廊道与斑块的布局和功能要求。

（5）对重要流域、重大灾害与重点污染治理区域，保障环境基础设施建设用地。

（二）优先保护耕地和基本农田

在调查评价的基础上，根据上级规划下达的耕地和基本农田保护指标，编制耕地和基本农田保护方案，确定规划期间耕地保有量和增减数量，提出基本农田保护面积和调整的规模、范围，拟定耕地占补平衡、基本农田保护的实施措施。

（1）控制耕地减少：严格控制非农业建设占用耕地。按照不占或少占耕地的原则布局新增建设用地，确需占用耕地的，尽量占用质量较差的耕地；有序实施生态退耕。禁止不符合国家生态退耕规划和政策、未纳入生态退耕计划的生态退耕。确需新增生态退耕的，要落实补充耕地；合理引导农业内部结构调整。不因农用地结构调整降低耕地保有量。耕地调整为其他农用地的，不得破坏耕作层。各类防护林、绿化带等生态建设应尽量避免占用耕地，确需占用的，应补划数量质量相当的耕地；及时复垦灾毁耕地。

（2）加大控制耕地减少力度：严格执行建设用地占用耕地补偿制度。按照建设用地占用耕地占补平衡的要求，严格落实上级规划下达的补充耕地义务。有条件的地区，在完成补充耕地义务的基础上，可增加补充耕地任务；加大土地整治补充耕地力度。加强农村土地整理、工矿废弃地复垦，适度开发宜耕后备土地，在改善生态环境的同时，增加有效耕地面积，提高耕地质量。

（三）优化耕地与基本农田布局

（1）在保持耕地布局基本稳定的基础上，按照加快现代农业建设、推进农业规模化产业化发展的要求，对农业基础设施完善、质量好、集中连片的耕地进行重点保护和整治。

（2）以农用地分等定级为依据，优先把优质耕地划入基本农田。有良好水利与水土保持设施的耕地，集中连片的耕地，水田、水浇地，国家和地方人民政府确定的粮、棉、油、菜生产基地内的耕地，土地整治新增优质耕地，应当优先划为基本农田。

（3）协调基本农田与各类建设用地的空间布局关系。交通沿线的耕地、城镇扩展边界外的耕地、独立工矿和集镇村庄周边的耕地，原则上应当划为基本农田。各类新增建设用地的布局安排应当避让基本农田。

（4）按照面积不减少、质量有提高、布局总体稳定的总要求，对基本农田进行适当调整。调整后的基本农田数量不得低于上一级规划下达的基本农田保护面积指标；调整后的基本农田平均质量等别应高于调整前的平均质量等别，或调整部分的质量等别有所提高；

新调入基本农田的土地利用现状应当为耕地；现状基本农田中的优质园地、高产人工草地、精养鱼塘等，可以继续作为基本农田实施管护。

（四）保障基础设施用地

（1）交通、水利等基础设施建设用地规模，按照国家产业政策和供地政策、行业发展规划与用地定额标准等确定。

（2）交通、水利等基础设施用地布局，应当与城乡建设用地空间格局相协调，主要用于满足工业化、城镇化和新农村建设的客观需求，改善落后地区的投资环境和发展能力。

（3）交通、水利等基础设施用地布局，应尽可能避让基本农田、生态屏障用地，减少建设项目实施对当地生产生活、生态环境、乡风民俗和人文景观等产生的负面影响；交通干线布局应预留交通走廊，尽量并线安排，减少对国土空间的分割。

（4）难以确定位置和范围的基础设施建设项目和其他关系民生的零星建设用地，可预留新增建设用地指标，编制用地项目表，并在规划图上示意性标注项目的位置和范围。

（五）优化城乡建设用地布局

（1）城乡建设用地规模，根据人口和城镇化预期、城镇规模增长对城镇人均用地需求的影响、农村生产生活方式变化对农村人均用地需求的影响、节约集约用地要求及农村居民点用地更新退出机制等因素综合确定。

（2）城乡建设用地布局，应按照点轴发展规律，形成城镇紧凑发展、工业园区集中发展、农村居民点集聚发展的土地利用格局。

（3）城镇新增用地，应当在统筹利用存量土地的基础上，依托现有城镇及基础设施，少占耕地和水域，避让基本农田、地质灾害高危险地区、蓄滞洪区和重要的生态环境用地。

（4）各类开发区（工业园区）必须在城镇工矿用地规模内控制，尽量在城镇建设用地规划范围内统筹布局，并与周边其他用地布局相协调。

（5）采矿、能源、化工、钢铁等生产仓储用地及其他污染性、危险性用地的布局，应与居住、商业等人口密集的用地保持安全距离。污染性工业用地布局应避让基本农田保护区。

（6）农村居民点新增用地，应用于中心村建设，可与旧村整理缩并相挂钩，控制自然村落的无序扩张，促进农村居民点适度集中。

（7）优化城乡建设用地内部结构与布局，协调内部生产、生活、生态用地，控制生产用地空间、保障生活用地空间，提高生态用地空间。

（六）拓展农业生产和城乡绿色空间用地

（1）在调查评价基础上，可按照土地适宜性合理确定园地、林地、牧草地、水产养殖地等用地的规模和布局。

（2）根据现代农业、特色农业和生态农业的发展潜力，按照土地适宜性合理安排农、林、牧、渔的用地布局。引导园地向立地条件适宜的丘陵、台地和荒坡地发展；保护林地资源、结合区域特点，因地制宜对林地进行空间布局；保护和合理利用草场资源，提高草地生产力，改善草地生态系统。

（3）充分发挥耕地、园地等农用地的生产、生态、景观和间隔的综合功能，拓展绿色空间。在城市组团之间保留连片、大面积的农地、水面、山体等绿色空间。

（4）生态网络建设与自然保护区、森林公园、风景名胜区、地质公园等现有自然保护管理体系相结合，形成多样化的绿色生态空间。

（七）构建土地利用景观风貌

（1）稳定具有区域优势和地方特色的自然景观用地，顺应自然地貌形态，预留乡土植物群落生长和培育的用地空间，有效保护、合理利用自然景观资源，发挥自然景观用地的多重功能，构建良好的土地利用景观风貌。

（2）根据景观风貌和视觉效果的要求，限制或引导各类土地利用类型和布局。公路沿线限制沿路建设，城乡建设用地集中布局，形成具有较高视觉质量或较高可视度区域的景观风貌；耕地、园地、林地、草地连片保护和利用，穿插合理分布，保证重要视点之间的视觉通廊开敞；安排土地整治区域，调整不合理土地利用类型和布局，实现景观修复和再造。

（3）整体保护人文历史景观，保留重要文化线路（古运河、古驿道等）及原有乡土、民俗和休闲用地，修复、再造文化遗产长廊，形成多样化的人文景观系统。

（八）土地用途区划定

1. 县级规划分区

县级规划编制，应结合实际划定基本农田保护区、一般农地区、城镇村建设用地区、独立工矿区、风景旅游用地区、生态环境安全控制区、自然与文化遗产保护区、林业用地区和牧业用地区。

2. 基本农田保护区

下列土地应当划入基本农田保护区：①经国务院主管部门或者县级以上地方人民政府批准确定的粮、棉、油、蔬菜生产基地内的耕地；②有良好的水利与水土保持设施的耕地，正在改造或已列入改造规划的中、低产田，农业科研、教学试验田，集中连片程度较高的耕地，相邻城镇间、城市组团间和交通沿线周边的耕地；③为基本农田生产和建设服务的农村道路、农田水利、农田防护林和其他农业设施，以及农田之间的零星土地。

下列土地不应划入基本农田保护区：①已列入生态保护与建设实施项目的退耕还林、还草、还湖（河）耕地；②已列入城镇村建设用地区、独立工矿区等土地用途区的土地。

基本农田保护区土地用途管制规则：①区内土地主要用作基本农田和直接为基本农田服务的农田道路、水利、农田防护林及其他农业设施；区内的一般耕地，应参照基本农田管制政策进行管护；②区内现有非农建设用地和其他零星农用地应当整理、复垦或调整为基本农田，规划期间确实不能整理、复垦或调整的，可保留现状用途，但不得扩大面积；③禁止占用区内基本农田进行非农建设，禁止在基本农田上建房、建窑、建坟、挖沙、采矿、取土、堆放固体废弃物或者进行其他破坏基本农田的活动；禁止占用基本农田发展林果业和挖塘养鱼。

3. 一般农地区

下列土地可划入一般农地区：①除已划入基本农田保护区、建设用地区等土地用途区的耕地外，其余耕地原则上划入一般农地区；②现有成片的果园、桑园、茶园、橡胶园等种植园用地；③畜禽和水产养殖用地；④城镇绿化隔离带用地；⑤规划期间通过土地整治增加的耕地和园地；⑥为农业生产和生态建设服务的农田防护林、农村道路、农田水利等其他农业设施，以及农田之间的零星土地。

4. 一般农地区土地用途管制规则

一般农地区土地用途管制规则如下：①区内土地主要为耕地、园地、畜禽水产养殖地和直接为农业生产服务的农村道路、农田水利、农田防护林及其他农业设施用地；②区内现有非农业建设用地和其他零星农用地应当优先整理、复垦或调整为耕地，规划期间确实不能整理、复垦或调整的，可保留现状用途，但不得扩大面积；③禁止占用区内土地进行非农业建设，不得破坏、污染和荒芜区内土地。

（九）城镇村建设用地区

下列土地应划入城镇村建设用地区：①现有的城市、建制镇、集镇和中心村建设用地；②规划预留城市、建制镇、集镇和中心村建设用地；③开发区（工业园区）等现状及规划预留的建设用地。规划确定的应整理、复垦的城镇、村庄和集镇用地，不得划入城镇村建设用地区。

城镇村建设用地区土地用途管制规则：①区内土地主要用于城镇、农村居民点建设，与经批准的城市、建制镇、村庄和集镇规划相衔接；②区内城镇村建设应优先利用现有低效建设用地、闲置地和废弃地；③区内农用地在批准改变用途之前，应当按现用途使用，不得荒芜。

（十）独立工矿区

下列土地应划入独立工矿区：①独立于城镇村建设用地区之外，规划期间不改变用途的采矿、能源、化工、环保等建设用地（已划入其他土地用途区的除外）；②独立于城镇村建设用地区之外，规划期间已列入规划的采矿、能源、化工、环保等建设用地（已划入其他土地用途区的除外）。

下列土地不应划入独立工矿区：①已列入城镇范围内的开发区（工业园区）不得划入独立工矿区；②规划确定应整理、复垦为非建设用地的，不得划入独立工矿区。区内建设用地应满足建筑、交通、防护、环保等建设条件，与居民点的安全距离应符合相关规定。

独立工矿区土地用途管制规则：①区内土地主要用于采矿业及其他不宜在居民点内安排的用地；②区内土地使用应符合经批准的工矿建设规划及相关规划；③区内因生产建设挖损、塌陷、压占的土地应及时复垦；④区内建设应优先利用现有低效建设用地、闲置地和废弃地；⑤区内农用地在批准改变用途之前，应当按现用途使用，不得荒芜。

（十一）风景旅游用地区

下列土地应划入风景旅游用地区：①风景游赏用地、游览设施用地；②为游人服务而又独立设置的管理机构、科技教育、对外及内部交通、通信用地、水、电、热、气、环境、防灾设施用地等。

风景旅游用地区土地用途管制规则：①区内土地主要用于旅游、休憩及相关文化活动；②区内土地使用应当符合风景旅游区规划；③区内影响景观保护和游览的土地，应在规划期间调整为适宜的用途；④在不破坏景观资源的前提下，允许区内土地进行农业生产活动和适度的旅游设施建设；⑤严禁占用区内土地进行破坏景观、污染环境的生产建设活动。

（十二）生态环境安全控制区

下列土地应划入生态环境安全控制区：①主要河湖及蓄滞洪区；②滨海防患区；③重要水源保护区；④地质灾害高危险地区；⑤其他为维护生态环境安全需要进行特殊控制的区域。生态环境安全控制区的划定应与相关专业规划相衔接。

生态环境安全控制区土地用途管制规则：①区内土地以生态环境保护为主导用途；②区内土地使用应符合经批准的相关规划；③区内影响生态环境安全的土地，应在规划期间调整为适宜的用途；④区内土地严禁进行与生态环境保护无关的开发建设活动，原有的各种生产、开发活动应逐步退出。

（十三）自然与文化遗产保护区

下列土地应当划入自然与文化遗产保护区：①典型的自然地理区域、有代表性的自然生态系统区域及已经遭受破坏但经保护能够恢复的自然生态系统区域；②珍稀、濒危野生动植物物种的天然集中分布区域；③具有特殊保护价值的海域、海岸、岛屿、湿地、内陆水域、森林、草原和荒漠；④具有重大科学文化价值的地质构造、著名溶洞、化石分布区及冰川、火山温泉等自然遗迹；⑤需要予以特殊保护的其他自然和人文景观、遗迹等保护区域。

自然与文化遗产保护区土地用途管制规则：①区内土地主要用于保护具有特殊价值的自然和文化遗产；②区内土地使用应符合经批准的保护区规划；③区内影响景观保护的土地，应在规划期间调整为适宜的用途；④不得占用保护区核心区的土地进行新的生产建设活动，原有的各种生产、开发活动应逐步退出；⑤严禁占用区内土地进行破坏景观、污染环境的开发建设活动。

（十四）林业用地区

下列土地应当划入林业用地区：①现有成片的有林地、灌木林、疏林地、未成林造林地、迹地和苗圃（已划入其他土地用途区的林地除外）；②已列入生态保护和建设实施项目的造林地；③规划期间通过土地整治增加的林地；④为林业生产和生态建设服务的运输、营林看护、水源保护、水土保持等设施用地。

林业用地区土地用途管制规则：①区内土地主要用于林业生产，以及直接为林业生产和生态建设服务的营林设施；②区内现有非农业建设用地，应当按其适宜性调整为林地或其他类型的营林设施用地，规划期间确实不能调整的，可保留现状用途，但不得扩大面积；③区内零星耕地因生态建设和环境保护需要可转为林地；④未经批准，禁止占用区内土地进行非农业建设，禁止占用区内土地进行毁林开垦、采石、挖沙、取土等活动。

（十五）牧业用地区

下列土地应当划入牧业用地区：①现有成片的人工、改良和天然草地（已划入其他土地用途区的牧草地除外）；②已列入生态保护和建设实施项目的牧草地；③规划期间通过土地整治增加的牧草地；④为牧业生产和生态建设服务的牧道、栏圈、牲畜饮水点、防火道、护牧林等设施用地。

牧业用地区土地用途管制规则：①区内土地主要用于牧业生产，以及直接为牧业生产和生态建设服务的牧业设施；②区内现有非农业建设用地应按其适宜性调整为牧草地或其他类型的牧业设施用地，规划期间确实不能调整的，可保留现状用途，但不得扩大面积；③未经批准，严禁占用区内土地进行非农业建设，严禁占用区内土地进行开垦、采矿、挖沙、取土等破坏草原植被的活动。

五、土地利用总体规划成果要求

（一）一般规定

县级规划成果包括规划文本、规划图件、规划说明、规划数据库及其他材料。除纸质形式外，规划成果应按照县级土地利用总体规划数据库标准、县级土地利用总体规划制图规范的有关要求，形成相关电子数据。应对规划成果进行校验和检查，确保文字、图件、数据、表格的一致性。

（二）规划文本

（1）前言。简述县域概况、规划编制的目的、任务、依据和规划期限。

（2）规划背景。简述区域土地利用状况及面临的形势。

（3）规划目标。阐述规划的主要目标和土地利用调控指标。

（4）土地利用结构和布局调整。阐述土地利用结构和布局调整的原则、数量、总体布局等。

（5）耕地和基本农田保护。阐述控制耕地减少和加大补充耕地力度的措施，基本农田数量保护、质量建设和管护的措施。

（6）建设用地调控和用地安排。阐述城镇村用地规模安排和空间布局调控的措施，建设用地空间管制分区及管制措施，基础设施等重点建设项目用地规模、布局及时序安排等。

（7）土地生态建设与环境保护。阐述各类基础性生态用地的规模和布局，生态屏障建设用地安排，保护和改善土地生态环境的其他措施。

（8）土地用途分区管制。阐述各类土地用途区的面积、分布，土地用途区管制规则。

（9）土地整治安排。阐述农用地整理、建设用地整理、废弃地复垦和后备土地资源开发的规模、重点区域和重点项目（工程），城乡建设用地增减挂钩规模和项目区安排，资金、技术、管理等保障措施。

（10）乡（镇）土地利用调控。阐述各乡（镇）土地利用的方向和重点，主要用地调控指标和要求。

（11）近期规划。阐述县域和各乡（镇）耕地保护、节约集约用地和土地整治的近期任务和规划指标。

（12）规划实施措施。阐明保障规划实施的行政、经济、技术、政策等措施。

（三）规划图件

1. 必备图件

（1）必备图件一般包括土地利用现状图、土地利用总体规划图、建设用地管制分区图、基本农田保护规划图、土地整治规划图、重点建设项目用地布局图、中心城镇土地利用现状图和规划图。

（2）必备图件比例尺一般为 1∶5 万；可根据县行政辖区面积的实际情况，适当调整图件比例尺。

（3）必备图件主要内容：①土地利用现状图上，应标注按照土地规划用途分类进行转换形成的现状地类，以及水系、交通、地形、地名和行政区划要素；②土地利用总体规划图、建设用地管制分区图、基本农田保护规划图、土地整治规划图、重点建设项目用地布局图、中心城镇土地利用规划图，应在土地利用现状图基础上，标注相应的规划要素及水系、交通、行政区划等其他要素。

2. 其他图件

根据实际需要，可编制其他相关图件。包括区位分析图、遥感影像图、数字高程模型图、生态用地空间组织图、城镇用地空间组织图、交通设施空间组织图、农业产业用地布局图、工业用地空间整合规划图、基本农田调整分析图、土地生态适宜度分级图、土地适宜性评价图、土地利用潜力分析图等。

3. 规划说明

规划说明一般应包含以下主要内容：规划编制过程、上轮规划实施的情况、存在问题和经验；规划基础数据；规划主要内容的说明；规划实施保障措施；规划的协调、论证和修改情况。

六、土地利用总体规划建库要求

规划数据库是规划成果数据的电子形式，包括符合县级土地利用总体规划数据库标准的规划图件的栅格数据和矢量数据、规划文档、规划表格、元数据等。规划数据库内容应与纸质的规划成果内容一致。

（一）数据库内容和分类编码

土地利用规划数据库要素分类，大类采用面分类法，小类以下采用线分类法。根据分类编码通用原则，将土地利用规划数据库数据要素依次按大类、小类、一级类、二级类、三级类和四级类划分，分类代码采用十位数字层次码，其结构如图 3.1 所示。

$$XX \quad XX \quad XX \quad XX \quad X \quad X$$

大类码	小类码	一级类要素码	二级类要素码	三级类要素码	四级类要素码

图 3.1　土地利用规划数据分类

　　大类码为专业代码，设定为二位数字码，其中，基础地理专业为 10；土地信息专业为 20。

　　小类码为业务代码，设定为二位数字码，空位以 0 补齐。土地利用的业务代码为 01，土地利用规划的业务代码为 03。

　　一～四级类码为要素分类代码，空位以 0 补齐，其中，一级类码为二位数字码；二级类码为二位数字码；三级类码为一位数字码；四级类码为一位数字码。

　　基础地理要素的一级类码、二级类码、三级类码和四级类码引用《基础地理信息要素分类与代码》（GB/T 13923—2006）中的基础地理要素代码结构与代码分类。

　　各要素类中如含有"其他"类，则该类代码直接设为"9"或"99"。

　　土地利用规划数据库各类要素的代码与名称描述见表 3.1，应用时可根据分类编码原则进行扩充。

表 3.1　土地利用规划要素代码与名称描述表

要素代码	要素名称	说明
1000000000	基础地理信息要素	引用《基础地理信息要素分类与代码》
1000600000	境界与政区	
1000600100	行政区	
1000600200	行政界线	
1000600900	行政区注记	
1000700000	地貌	
1000710000	等高线	
1000720000	高程注记点	
2000000000	土地信息要素	
2001000000	土地利用要素	引用《县级土地利用数据库标准》，采用规划基期土地利用数据
2001010000	地类图斑要素	
2001010100	地类图斑	
2001010200	地类图斑注记	
2001020000	线状地物要素	
2001020100	线状地物	
2001020200	线状地物注记	
2001030000	零星地类要素	
2001030100	零星地类	

要素代码	要素名称	说明
2001030200	零星地类注记	
2001040000	地类界线	
2001040100	一般地类界	
2001040200	特殊地类界	
2001990000	其他土地利用要素注记	
2003000000	土地利用规划要素	
2003010000	规划期土地用途分区要素	
2003010100	图斑	
2003010200	图斑注记	
2003020000	规划期土地利用活动要素	
2003020100	基本农田保护	
2003020200	土地整理	
2003020300	土地复垦	
2003020400	土地开发	
2003020500	生态环境建设	
2003020600	土地利用活动要素注记	
2003029900	其他土地利用活动要素	
2003030000	规划期重点建设项目要素	
2003030100	面状建设项目要素	
2003030200	线状建设项目要素	
2003030300	点状建设项目要素	
2003030400	重点建设项目要素注记	
2003040000	规划期土地利用规划指标要素	
2003040100	土地利用结构调整指标	
2003040200	耕地保有量规划指标	
2003040300	建设用地控制指标	
2003040400	土地整理、复垦、开发面积指标	
2003040500	土地用途分区面积指标	
2003040600	重点建设项目用地规划指标	
2003040700	各类用地平衡指标	
2003049900	其他指标	
2003050000	规划期土地利用规划文档资料要素	
2003050100	规划文本	
2003050200	规划说明	
2003050300	专题报告	
2003059900	其他文档	
2003990000	其他土地利用规划要素	
8801000000	基期环境要素	如有相关数据标准，则采用相关标准的要素分类编码
8800010000	风景旅游要素	
8800010100	面状旅游资源要素	
8800010200	线状旅游资源要素	

续表

要素代码	要素名称	说明
8800010300	点状旅游资源要素	
8800020000	基础设施要素	
8800020100	面状基础设施要素	
8800020200	线状基础设施要素	
8800020300	点状基础设施要素	
8800030000	主要矿产储藏区	
8800040000	蓄洪、滞洪区	
8800050000	地质灾害易发区	
8800060000	环境要素注记	
8800990000	其他环境要素	
9900000000	其他要素	

注：1. 本表第 5～10 位代码参考《基础地理信息要素分类与代码》。

2. 行政区、行政界线与行政区注记要素参考《基础地理信息要素分类与代码》的结构进行扩充，各级行政区的信息使用行政区与行政界线属性表描述。

（二）数据库结构定义

1. 空间要素分层

土地利用规划空间要素采用分层的方法进行组织管理，图层名称及各层要素见表 3.2，应用时可按照要素分类增加图层。

表 3.2　土地利用规划要素分层、定义与属性关联表

要素类型	层名称	层代码	层内容	要素特征	属性表名	是否必选
基础地理要素	行政区划	A10				是
	行政区	A11	县、乡、村级行政区	polygon	XZQH	是
	行政界线	A12	各级行政界线	line		是
	行政区注记	A13	行政区注记	point	ZJFH	是
	地貌	A20				否
	等高线	A21	等高线	line		否
	高程点	A22	高程注记点	point		否
土地利用要素	地类图斑	B11	地类图斑	polygon	DLTB	是
	线状地物	B12	线状地物	line	XZDW	是
	零星地类	B13	零星地类	point	LXDL	是
	土地利用要素注记	B14	土地利用要素注记	point	ZJFH	是
基期环境要素	风景旅游资源	B20				否
	面状旅游资源	B21	主要面状风景旅游资源、文物古迹	polygon		否
	线状旅游资源	B22	主要线状风景旅游资源、文物古迹	line	LYZY	否
	点状旅游资源	B23	主要点状风景旅游资源、文物古迹	point		否
	基础设施	B30	高压走廊、区域性管道设施等			否
	面状基础设施	B31	面状基础设施	polygon	JCSS	否
	线状基础设施	B32	线状基础设施	line		否

要素类型	层名称	层代码	层内容	要素特征	属性表名	是否必选
基期环境要素	点状基础设施	B33	点状基础设施	point		否
	主要矿产储藏区	B40	主要矿产储藏区	polygon	ZYKC	否
	蓄洪、滞洪区	B50	蓄洪、滞洪范围	polygon	XHZH	否
	地质灾害易发区	B60	地质灾害易发范围	polygon	DZZH	否
	环境要素注记	B70	环境要素注记	point	ZJFH	否
土地用途分区要素	土地用途分区	C10	土地用途分区图斑	polygon	TDYT	是
	土地用途分区注记	C20	土地用途分区注记	point	ZJFH	是
土地利用活动要素	基本农田保护	C20	基本农田保护区	polygon	JBNT	是
	土地整理	C30	土地整理项目（区）范围	polygon	TDZL	否
	土地复垦	C40	土地复垦项目（区）范围	polygon	TDFK	否
	土地开发	C50	土地开发项目（区）范围	polygon	TDKF	否
	生态环境建设	C60	生态环境建设项目（区）范围	polygon	STHJ	否
	土地利用活动注记	C70	土地利用活动注记	point	ZJFH	否
重点建设项目要素	面状建设项目	C71	面状建设项目	polygon		是
	线状建设项目	C72	线状建设项目	line	JSXM	是
	点状建设项目	C73	不宜采用图斑和线表示的建设项目	point		是

2. 空间要素属性结构

表 3.3～表 3.19 是各空间要素所对应的基本属性结构表，应用时可增加字段，字段代码取字段名称的首字母组合。

表 3.3 行政区划要素（XZQH）基本属性结构表

序号	字段名称	字段代码	字段类型	字段长度	小数位数	值域	是否必填	备注
1	标识码	BSM	Int	10		>0		
2	要素代码	YSDM	Char	10		见表 3.1	是	
3	行政区划代码	XZQHDM	Char	9		见《中华人民共和国行政区划代码》	是	行政区国标代码+3位顺序码
4	行政区划名称	XZQHMC	Char	100		见《中华人民共和国行政区划代码》	是	
5	总人口	ZRK	Int	10		>0	否	单位：人
6	总面积	ZMJ	Float	6	2	>0	否	单位：hm^2

表 3.4　土地利用地类图斑要素（DLTB）基本属性结构表

序号	字段名称	字段代码	字段类型	字段长度	小数位数	值域	是否必填	备注
1	标识码	BSM	Int	10		>0		
2	要素代码	YSDM	Char	10		见表3.1	是	
3	图斑号	TBH	Char	8		非空	是	
4	行政区划代码	XZQHDM	Char	9		见《中华人民共和国行政区划代码》	是	行政区国标代码+3位顺序码
5	地类代码	DLDM	Char	4		见附录表1	是	
6	面积	MJ	Float	5	2	>0	是	单位：hm²

表 3.5　土地利用线状地物要素（XZDW）基本属性结构表

序号	字段名称	字段代码	字段类型	字段长度	小数位数	值域	是否必填	备注
1	标识码	BSM	Int	10		>0		
2	要素代码	YSDM	Char	10		见表3.1	是	
3	地物编号	DWBH	Char	6		非空	是	
4	行政区划代码	XZQHDM	Char	9		见《中华人民共和国行政区划代码》	是	行政区国标代码+3位顺序码
5	地类代码	DLDM	Char	4		见附录表1	是	
6	长度	CD	Float	15	1	>0	是	单位：m

表 3.6　土地利用零星地类要素（LXDL）基本属性结构表

序号	字段名称	字段代码	字段类型	字段长度	小数位数	值域	是否必填	备注
1	标识码	BSM	Int	10		>0		
2	要素代码	YSDM	Char	10		见表3.1	是	
3	地物编号	DWBH	Char	6		非空	是	
4	行政区划代码	XZQHDM	Char	9		见《中华人民共和国行政区划代码》	是	行政区国标代码+3位顺序码
5	地类代码	DLDM	Char	4		见附录表1	是	
6	面积	MJ	Float	5	2	>0	是	单位：hm²

表 3.7　旅游资源要素（LYZY）基本属性结构表

序号	字段名称	字段代码	字段类型	字段长度	小数位数	值域	是否必填	备注
1	标识码	BSM	Int	10		>0		
2	要素代码	YSDM	Char	10		见表3.1	是	
3	编号	BH	Char	3		非空	是	
4	行政区划代码	XZQHDM	Char	9		见《中华人民共和国行政区划代码》	是	行政区国标代码+3位顺序码
5	名称	MC	Char	30		非空	是	
6	类型	LX	Char	20		非空	是	
7	面积	MJ	Float	20	2	>0	是	单位：hm²
8	描述	MS	Char	90		非空	否	

表 3.8 基础设施要素（JCSS）基本属性结构表

序号	字段名称	字段代码	字段类型	字段长度	小数位数	值域	是否必填	备注
1	标识码	BSM	Int	10		>0		
2	要素代码	YSDM	Char	10		见表3.1	是	
3	编号	BH	Char	3		数字码	是	
4	行政区划代码	XZQHDM	Char	9		见《中华人民共和国行政区划代码》	是	行政区国标代码+3位顺序码
5	名称	MC	Char	30		非空	是	
6	类型	LX	Char	20		非空	是	
7	面积	MJ	Float	20	2	>0	是	单位：hm²
8	长度	CD	Float	7	1	>0	是	单位：m。线状基础设施
9	描述	MS	Char	90		非空	否	

表 3.9 主要矿产储藏区要素（ZYKC）基本属性结构表

序号	字段名称	字段代码	字段类型	字段长度	小数位数	值域	是否必填	备注
1	标识码	BSM	Int	10		>0		
2	要素代码	YSDM	Char	10		见表3.1	是	
3	编号	BH	Char	3		非空	是	
4	行政区划代码	XZQHDM	Char	9		见《中华人民共和国行政区划代码》	是	行政区国标代码+3位顺序码
5	名称	MC	Char	30		非空	是	
6	类型	LX	Char	20		非空	是	
7	面积	MJ	Float	20	2	>0	是	单位：hm²
8	描述	MS	Char	90		非空	否	

表 3.10 蓄洪、滞洪区要素（ZHZH）基本属性结构表（B50图层属性）

序号	字段名称	字段代码	字段类型	字段长度	小数位数	值域	是否必填	备注
1	标识码	BSM	Int	10		>0		
2	要素代码	YSDM	Char	10		见表3.1	是	
3	编号	BH	Char	3		非空	是	
4	行政区划代码	XZQHDM	Char	9		见《中华人民共和国行政区划代码》	是	行政区国标代码+3位顺序码
5	名称	MC	Char	30		非空	是	
6	类型	LX	Char	20		非空	是	
7	面积	MJ	Float	20	2	>0	是	单位：hm²
8	描述	MS	Char	90		非空	否	

表 3.11　地质灾害易发区要素（DZZH）基本属性结构表（B60 图层属性）

序号	字段名称	字段代码	字段类型	字段长度	小数位数	值域	是否必填	备注
1	标识码	BSM	Int	10		>0		
2	要素代码	YSDM	Char	10		见表 3.1	是	
3	编号	BH	Char	3		非空	是	
4	行政区划代码	XZQHDM	Char	9		见《中华人民共和国行政区划代码》	是	行政区国标代码+3位顺序码
5	名称	MC	Char	30		非空	是	
6	类型	LX	Char	20		非空	是	
7	面积	MJ	Float	20	2	>0	是	单位：hm²
8	描述	MS	Char	90		非空	否	

表 3.12　土地用途分区要素（TDYT）基本属性结构表（C10 图层属性）

序号	字段名称	字段代码	字段类型	字段长度	小数位数	值域	是否必填	备注
1	标识码	BSM	Int	10		>0		
2	要素代码	YSDM	Char	10		见表 3.1	是	
3	土地用途分区代码	TDYTFQDM	char	7		见附录表 2	是	
4	土地用途分区编号	TDYTFQBH	char	2		非空	是	
5	面积	MJ	Float	20	2	>0	是	单位：hm²
6	描述	MS	Char	90		非空	否	

表 3.13　基本农田保护要素（JBNT）基本属性结构表（C20 图层属性）

序号	字段名称	字段代码	字段类型	字段长度	小数位数	值域	是否必填	备注
1	标识码	BSM	Int	10		>0		
2	要素代码	YSDM	Char	10		见表 3.1	是	
3	编号	BH	char	3		非空	是	
4	面积	MJ	Float	20	2	>0	是	单位：hm²
5	权属性质	QSXZ	char	20		非空	是	
6	土地质量	TDZL	char	40		非空	是	
7	保护期限	BHQX	int	4		非空	是	单位：年
8	责任人	ZRR	char	30		非空	是	
9	四至	SZ	char	30		非空	是	
10	单产	DC	Float	15	2	非空	是	单位：kg/hm²

表 3.14　土地整理要素（TDZL）基本属性结构表（C30 图层属性）

序号	字段名称	字段代码	字段类型	字段长度	小数位数	值域	是否必填	备注
1	标识码	BSM	Int	10		>0		
2	要素代码	YSDM	Char	10		见表 3.1	是	
3	编号	BH	Char	6		非空	是	
4	行政区划代码	XZQHDM	Char	9		见《中华人民共和国行政区划代码》	是	
5	面积	MJ	Float	20	2	>0	是	单位：hm²
6	权属	QS	Char	30		非空	是	
7	整理用途	ZLYT	Char	40		非空	是	
8	描述	MS	Char	90		非空	否	

表 3.15　土地复垦要素（TDFK）基本属性结构表（C40 图层属性）

序号	字段名称	字段代码	字段类型	字段长度	小数位数	值域	是否必填	备注
1	标识码	BSM	Int	10		>0		
2	要素代码	YSDM	Char	10		见表 3.1	是	
3	面积	MJ	Float	20	2	>0	是	单位：hm²
4	权属	QS	Char	30		非空	是	
5	复垦用途	FKYT	Char	40		非空	是	
6	描述	MS	Char	90		非空	否	

表 3.16　土地开发要素（TDKF）基本属性结构表（C50 图层属性）

序号	字段名称	字段代码	字段类型	字段长度	小数位数	值域	是否必填	备注
1	标识码	BSM	Int	10		>0		
2	要素代码	YSDM	Char	10		见表 3.1	是	
3	面积	MJ	Float	20	2	>0	是	单位：hm²
4	权属	QS	Char	30		非空	是	
5	开发用途	KFYT	Char	40		非空	是	
6	描述	MS	Char	90		非空	否	

表 3.17　生态环境建设要素（STHJ）基本属性结构表（C60 图层属性）

序号	字段名称	字段代码	字段类型	字段长度	小数位数	值域	是否必填	备注
1	标识码	BSM	Int	10		>0		
2	要素代码	YSDM	Char	10		见表 3.1	是	
3	名称	MC	Char	30		非空	是	
4	面积	MJ	Float	20	2	>0	是	单位：hm²
5	类型	LX	Char	20		非空	是	
6	等级	DJ	Char	10		非空	是	
7	描述	MS	Char	90		非空	否	

表 3.18　重点建设项目要素（JSXM）基本属性结构表（C71、C72、C73 图层属性）

序号	字段名称	字段代码	字段类型	字段长度	小数位数	值域	是否必填	备注
1	标识码	BSM	Int	10		>0		
2	要素代码	YSDM	Char	10		非空	是	
3	行业	HY	Char	14		非空	是	
4	项目名称	XMMC	Char	40		非空	是	
5	建设性质	JSXZ	Char	4		非空	是	新建、改建、扩建
6	建设年限	JSNX	Int			非空	是	单位：年
7	投资规模	TZGM	Float	7	2	>0	是	单位：万元
8	生产规模	SCGM	varChar	50		>0	是	单位：万元
9	用地面积	YDMJ	Float	20	2	>0	是	单位：hm²
10	占用耕地面积	ZYGDMJ	Float	20	2	≥0	是	单位：hm²

表 3.19　注记（ZJFH）基本属性结构表（A13、B14、B70、C20、…图层属性）

序号	字段名称	字段代码	字段类型	字段长度	小数位数	值域	是否必填	备注
1	标识码	BSM	Int	10		>0		
2	要素代码	YSDM	Char	10		见表 3.1	是	
3	字体	ZT	Char	4		非空	是	
4	颜色	YS	Char	12		非空	是	
5	磅数	BS	Integer	4		非空	是	
6	形状	XZ	Char	1		非空	是	
7	下划线	XHX	Char	1		非空	是	
8	字号	ZH	Char	10		非空	是	
9	注记点 X 坐标	ZJDXZB	Float	13	4	非空	是	
10	注记点 Y 坐标	ZJDYZB	Float	13	4	非空	是	
11	注记方向	ZJFX	Float	10	6	非空	是	

3. 非空间要素属性结构

非空间要素属性结构如表 3.20～表 3.26 所示。

表 3.20　土地利用结构调整指标数据结构

序号	字段名称	字段代码	字段类型	字段长度	小数位数	值域	是否必填	备注
1	行政区划代码	XZQHDM	Char	9		见《中华人民共和国行政区划代码》		
2	地类代码	DLDM	Char	4		见附录表 1	是	
3	基期年_面积	JDN_MJ	Float	14	2	>0	是	单位：hm²
4	近期年_面积	JQN_MJ	Float	14	2	>0	是	单位：hm²
5	规划目标年_面积	GHMBN_MJ	Float	14	2	>0	是	单位：hm²

注：表名称用字母表示，如行政区划代码+JGTZ。

表 3.21　耕地保有量规划指标数据结构

序号	字段名称	字段代码	字段类型	字段长度	小数位数	值域	是否必填	备注
1	行政区划代码	XZQHDM	Char	9		见《中华人民共和国行政区划代码》		
2	耕地增加中土地整理	GDZJZTDZL	Float	14	2	>0	是	单位：hm²
3	耕地增加中土地复垦	GDZJZTDFK	Float	14	2	>0	是	单位：hm²
4	耕地增加中土地开发	GDZJZTDKF	Float	14	2	>0	是	单位：hm²
5	耕地增加中其他	GDZJZQT	Float	14	2	>0	是	单位：hm²
6	耕地减少中建设占用	GDJSZJSZY	Float	14	2	>0	是	单位：hm²
7	耕地减少中生态退耕	GDJSZSTTG	Float	14	2	>0	是	单位：hm²
8	耕地减少中灾毁	GDJSZZH	Float	14	2	>0	是	单位：hm²
9	耕地减少中其他	GDJSZQT	Float	14	2	>0	是	单位：hm²
10	期限类型	QXLX	Char	10		见附录表3	是	

注：表名称用字母表示，如行政区划代码+GDPH。

表 3.22　建设用地控制指标数据结构

序号	字段名称	字段代码	字段类型	字段长度	小数位数	值域	是否必填	备注
1	行政区划代码	XZQHDM	Char	9		见《中华人民共和国行政区划代码》	是	
2	X-Y 耕地	X-YGD	Float	14	2	>0	是	单位：hm²
3	X-Y 非耕地	X-YFGD	Float	14	2	>0	是	单位：hm²
4	Y-Z 耕地	Y-ZGD	Float	14	2	>0	是	单位：hm²
5	Y-Z 非耕地	Y-ZFGD	Float	14	2	>0	是	单位：hm²
6	规划期间耕地	GHQJGD	Float	14	2	>0	是	单位：hm²
7	规划期间非耕地	GHQJFGD	Float	14	2	>0	是	单位：hm²
8	用地类型	YDLX	Char	20		见附录表3	是	

注：1. 表名称用字母表示，如行政区划代码+FNJSTD。
　　2. X 表示规划基年；Y 表示规划中间年；Z 表示规划末年。

表 3.23　土地整理、复垦、开发面积指标数据结构

序号	字段名称	字段代码	字段类型	字段长度	小数位数	值域	是否必填	备注
1	行政区划代码	XZQHDM	Char	9		见《中华人民共和国行政区划代码》	是	
2	项目类型	XMLX	Char	10		见附录表 3	是	
3	调整至地类代码	TZZDLDM	Char	14		见附录表 1	是	
4	调整至地类面积	TZZDLMJ	Float	14	2	>0	是	单位：hm²

注：表名称用字母表示，如行政区划代码+KZF。

表 3.24　重点建设项目用地规划指标数据结构

序号	字段名称	字段代码	字段类型	字段长度	小数位数	值域	是否必填	备注
1	行政区划代码	XZQHDM	Char	9		见《中华人民共和国行政区划代码》	是	
2	项目名称	XMMC	Char	10		非空	是	
3	项目类型	XMLX	Char	10		见附录表 3	是	
4	建设性质	JSXZ	Char	20		非空	是	
5	建设年限	JSNX	Char	10		非空	是	单位：年
6	占耕地	ZGD	Float	14	2	>0	是	单位：hm²
7	占非耕地	ZFGD	Float	14	2	>0	是	单位：hm²
8	所在村（镇）	SZC	Char	20		非空	是	
9	备注	BZ	Char	90		非空	否	

注：表名称用字母表示，如行政区划代码+ZDJSXM。

表 3.25　土地用途分区面积指标数据结构

序号	字段名称	字段代码	字段类型	字段长度	小数位数	值域	是否必填	备注
1	行政区划代码	XZQHDM	Char	9		见《中华人民共和国行政区划代码》	是	
2	行政单位	XZDW	Char	20		非空	是	乡级规划为村名称，县级规划为乡（镇）名称
3	用途分区代码	YTFQDM	Int	10		见附录表 2	是	
4	用途分区面积	YTFQMJ	Float	14	2	>0	是	单位：hm²

注：表名称用字母表示，如行政区划代码+FQMJ。

表 3.26 各类用地平衡指标数据结构

序号	字段名称	字段代码	字段类型	字段长度	小数位数	值域	是否必填	备注
1	行政区划代码	XZQHDM	Char	9		见《中华人民共和国行政区划代码》	是	
2	土地利用分类代码	TDLYFLDM	Char	20		见附录表1	是	
3	规划基期面积	GHJQMJ	Float	14	2	>0	是	单位：hm²
4	耕地	G_N_GD	Float	14	2	>0	是	单位：hm²
5	园地	G_N_YD	Float	14	2	>0	是	单位：hm²
6	林地	G_N_LD	Float	14	2	>0	是	单位：hm²
7	牧草地	G_N_CD	Float	14	2	>0	是	单位：hm²
8	其他农用地	G_N_QT	Float	14	2	>0	是	单位：hm²
9	城镇	G_J_CZ	Float	14	2	>0	是	单位：hm²
10	农村居民点	G_J_NJ	Float	14	2	>0	是	单位：hm²
11	独立工矿	G_J_GK	Float	14	2	>0	是	单位：hm²
12	特殊用地	G_J_TS	Float	14	2	>0	是	单位：hm²
13	风景旅游设施	G_J_LY	Float	14	2	>0	是	单位：hm²
14	交通用地	G_J_JT	Float	14	2	>0	是	单位：hm²
15	水利设施	G_J_SL	Float	14	2	>0	是	单位：hm²
16	未利用土地	G_W_WY	Float	14	2	>0	是	单位：hm²
17	其他土地	G_W_QT	Float	14	2	>0	是	单位：hm²
18	规划目标年面积	GHMBNMJ	Float	14	2	>0	是	单位：hm²

注：表名称用字母表示，如行政区划代码+YDPH。

第二节 土地利用总体规划实习

一、实习目的

通过土地利用总体规划方案的制订，熟悉土地利用总体规划流程和规范；通过设计样本区域的土地利用总体规划方案，掌握土地利用总体规划的步骤、方法与技术。

二、实习内容与步骤

1. 制订土地利用总体规划方案

针对样本地区实际情况，制订土地利用总体规划方案。任务分解为土地利用现状调查方案和土地利用总体规划方案。主要内容包括基本情况、资料情况、技术路线、技术方法、技术流程、时间安排、组织实施、质量控制及主要成果等。

2. 完成土地利用结构和布局规划

依据土地利用结构和布局调整要求，对不同类型的土地作出合理的安排与设计。

3. 掌握数据库建设技术

依据土地利用总体规划数据建库要求，对规划图件及文本按数据库建库要求与模式进行管理。

三、实习组织与实施

1. 资料准备

资料准备主要包括准备土地利用总体规划的系列表格；土地权属资料，如《土地权属界线协议书》《土地权属界线争议原由书》，以及宗地权属来源和土地登记等；已有土地利用总体规划资料，如已有的土地利用现状图件、表格、文本和数据库等；县级、乡级基本农田地块划定和调整的图件、表格、文件、说明等；土地管理有关资料，如土地利用总体规划、农用地转用、土地开发整理复垦等。

2. 仪器及工具准备

仪器及工具准备包括计算机、外设和软件系统，以及交通运输工具的准备等。

3. 进度安排

进度安排如表 3.27 所示。

表 3.27　进度安排

序号	实习形式	主要内容	学时（天/周）	成果
1	培训讲座	规范规划程序，统一规划方法和要求	半天	
2	小组讨论	制订土地利用总体规划方案	半天	土地规划方案文本
3	外业调查（分组）	实现土地规划方案中的外业部分	2 天	
4	内业数据处理	实现土地规划方案中的内业部分（包括）	2 天	文本和图件

第四章 耕地利用与基本农田保护

第一节 基本理论知识

一、耕地利用

（一）耕地概念

耕地指种植农作物的土地，包括熟地，新开发、复垦、整理地，休闲地（含轮歇地、轮作地）；以种植农作物（含蔬菜）为主，间有零星果树、桑树或其他树木；平均每年能保证收获一季的已垦滩地和海涂。耕地包括南方宽度<1.0m、北方宽度<2.0m固定的沟、渠、路和地坎（埂）；临时种植药材、草皮、花卉、苗木等的土地，以及其他临时改变用途的土地。

（二）耕地分类

1. 根据土地利用现状分类

（1）水田：指筑有田埂（坎），可以经常蓄水，用来种植水稻、莲藕、席草等水生作物的耕地。因天旱暂时没有蓄水而改种旱地作物的，或实行水稻和旱地作物轮种的（如水稻和小麦、油菜、蚕豆等轮种），仍计为水田。

（2）旱地：指无灌溉设施，主要靠天然降水种植旱生农作物的耕地，包括没有灌溉设施，仅靠引洪淤灌的耕地。

（3）水浇地：指有水源保证和灌溉设施，在一般年景能正常灌溉，种植旱生农作物的耕地。包括种植蔬菜等的非工厂化的大棚用地。

2. 根据耕地性质分类

（1）常用耕地：是指专门种植农作物并经常进行耕种、能够正常收获的土地。包括土地条件较好的基本农田和土地条件较差但能正常收获且不破坏生态环境的可用耕地。常用耕地作为我国基本的、宝贵土地资源，受到《中华人民共和国土地法》严格保护，未经批准，任何个人和单位都不得占用。

（2）临时性耕地：又称"帮忙田"，是指在常用耕地以外临时开垦种植农作物，不能正常收获的土地。包括临时种植农作物的坡度在25°以上的陡坡地，在河套、湖畔、库区临时开发种植农作物的土地，以及在废旧矿区等地方临时开垦种植农作物的成片或零星土地。《中华人民共和国水土保持法》规定，现在临时种植农作物坡度在25°以上的陡坡地要逐步退耕还林还草，在其他一些地方临时开垦种植农作物，易造成水土流失及沙化的土地，也要逐步退耕。因此，又可称这部分临时性耕地为待退的临时性耕地。

3. 根据耕地当年利用情况分类

（1）当年实际利用的耕地：指当年种植农作物的耕地。

（2）当年闲置、弃耕的耕地：指由于种种原因，当年未能种植农作物的耕地。包括轮歇地、休耕地，因干旱、洪涝及其他自然和经济原因农民未能种植农作物的耕地。

4. 基于对耕地进行特殊保护的需要分类

（1）基本农田：根据一定时期人口和社会经济发展对农产品的需求及对建设用地的预测，以及土地利用总体规划而确定的长期不得占用的耕地。

（2）一般农田：包括规划确定为农业使用的耕地后备资源、坡度大于 25°但未列入生态退耕范围的耕地、泄洪区内的耕地和其他劣质耕地。

二、基本农田

（一）定义

1. 基本农田

我国"基本农田"一词的提出可追溯至 1963 年黄河中下游水土保持工作会议中提出的"通过水土保持，逐步建立旱涝保收、产量较高的基本农田"。此后直到 20 世纪 80 年代末基本农田的中心内容仍是生产能力高，抗灾能力强的高产稳产农田。1994 年《基本农田保护条例》规定，基本农田是根据一定时期人口和国民经济对农产品的需求及对建设用地预测而确定的长期不得占用的和基本农田保护区规划期内不得占用的耕地。1998 年《基本农田保护条例》修订后将基本农田定义为按照一定时期人口和社会经济发展对农产品的需求，依据土地利用总体规划确定的不得占用的耕地。基本农田的定义由关注质量，调整到综合考虑建设用地和农产品需求，再过渡到满足人口和社会经济发展对农产品的需求，发生了很大变化，但基本农田只属于耕地的一部分。

2. 基本农田保护区

基本农田保护区为对基本农田实行特殊保护而依法确定的区域。

3. 基本农田保护片

基本农田保护片为对基本农田实行特殊保护而依法划定的以村为单位的耕地保护区域。

4. 基本农田保护块

基本农田保护块为对基本农田实行特殊保护而依法划定的以村民小组为单位的耕地保护区域，保护块打破生产组界线，主要以河流、主要道路、居民点划分。

5. 基本农田保护图斑

基本农田保护图斑为对基本农田实行特殊保护而依法划定的以单独的地块为单位的耕地保护区域。

（二）基本农田保护区划定要求

基本农田保护区是指对基本农田实行特殊保护而依据土地利用总体规划和依照法定程序确定的特殊保护区域。基本农田保护可以理解为三层含义：①基本农田的数量保护，即根据区域社会和经济发展需要维持区域必需的基本农田数量，通过立法、行政手段保持区域基本农田面积的稳定；②基本农田的质量保护，即维持基本农田的物质生产水平，并采用生物、工程等措施将规划为基本农田的中低产田改造为高中产田；③基本农田的环境保护，即采取行政和科学手段，对现有基本农田的环境、基础设施与利用方式等进行监督和管理。基本农田保护具有区域性、综合性、层次性、时段性和政策性。

国务院颁布的《基本农田保护条例》中要求县级人民政府有关土地管理部门组织实施基本农田保护区划区定界工作，并且将生产条件好、产量高、长期不得占用的耕地，划为一级基本农田；生产条件较好、产量较高、规划期内不得占用的耕地，划为二级基本农田。划定的基本农田不得随意改变其用途性质，如确实根据有关实际情况，需要改变用途性质的，占用一级基本农田 33.33hm^2（500 亩[①]）以下的，必须报省、自治区、直辖市人民政府批准；占用一级基本农田超过 33.33hm^2（500 亩）的，必须报国务院审批。经国务院批准占用基本农田的，当地人民政府应当按照国务院的批准文件修改土地利用总体规划，并补充划入数量和质量相当的基本农田。占用基本农田的单位应当按照县级以上地方人民政府的要求，将所占用基本农田耕作层的土壤用于新开垦耕地、劣质地或者其他耕地的土壤改良。

《基本农田保护条例》规定：各级人民政府应当确定基本农田保护的数量指标和布局安排，并逐级分解下达。基本农田保护指标应当根据国民经济发展和人口增长对主要农产品和建设用地的需求，参考历年耕地变化情况和工业化、城市化发展趋势，对基本农田控制指标进行测算，并经过自上而下和自下而上的反馈和修正，最后确定基本农田保护面积的控制指标。自治区、直辖市划定的基本农田应当占本行政区域内耕地总面积的80%以上，具体数量指标根据全国土地利用总体规划逐级分解下达。

基本农田布局应当依据有关法律、法规进行。依据《中华人民共和国土地管理法》和《基本农田保护条例》的规定，下列耕地应划入基本农田保护区，严格管理：①经国务院有关部门或者县级以上地方人民政府批准确定的粮、棉、油生产基地内的耕地；②有良好的水利与水土保持设施的耕地，正在实施改造计划及可以改造的中低产田；③蔬菜生产基地；④农业科研、教学试验田；⑤国务院规定应划入基本农田保护区内的其他耕地。

根据土地利用总体规划，铁路、公路等交通沿线，城市和村庄、集镇建设用地周边的耕地，应当优先划入基本农田保护区；需要退耕还林、还牧、还湖的耕地，不应当划入基本农田保护区。

---

① 1 亩≈0.067hm^2。

（三）基本农田的调整划定

1. 基本内容

基本农田调整划定是在已有基本农田现状调查分析的基础上，利用地理信息系统（geographic information system，GIS）技术在土地利用现状调查数据上叠加土地利用总体规划修编成果，并按基本农田调整划定的要求，逐图斑落实基本农田地块，形成基本农田调整划定的记录，并进行汇总分析。通过汇总、分析、评价，进一步确定基本农田的地块边界，并对基本农田进行编号、记录，编制基本农田，调整划定成果。

2. 工作要求

收集土地利用总体规划成果、土地利用现状调查成果、基本农田划定资料、农用地分等成果等，在基本农田划定工作实施前，采用土地利用现状调查成果，建立已有基本农田划定成果与土地利用现状图斑的对应关系，将基本农田保护专题信息落到土地利用现状调查成果上；依据土地利用总体规划成果，确定拟调出、调入的地块，并到实地勘察，结合农用地分等成果，核实拟调出、调入基本农田地块的空间位置、数量、地类、质量等级等现状信息。

3. 明确调整的对象

依据土地利用总体规划确定的基本农田，结合土地利用现状调查成果，对已有基本农田保护成果进行对比分析，经核实确认，符合土地利用总体规划基本农田布局要求的现状基本农田，继续保留划定为基本农田。

依据土地利用总体规划确定的基本农田，结合土地利用现状调查成果，对已有基本农田保护成果进行对比分析，现状基本农田中的建设用地、未利用地，以及不符合土地利用总体规划基本农田布局要求且不可调整或达不到耕地质量标准的农用地，不得保留划定为基本农田。

新划定的基本农田土地利用现状应当为耕地。下列类型的耕地禁止新划定为基本农田：①坡度大于 25°且未采取水土保持措施的耕地、易受自然灾害损毁的耕地。②因生产建设或自然灾害严重损毁且不能恢复耕种的耕地。③受重金属污染物或者其他有毒有害物质污染的耕地，或治理后仍达不到国家有关标准的耕地。④未纳入基本农田整备区的零星分散、规模过小、不易耕作、质量较差的低等级耕地。

依据土地利用总体规划确定的基本农田，结合土地利用现状调查成果，对已有基本农田保护成果进行对比分析，在划定过程中出现上述情况之一的，应当提出基本农田调整的建议，并依照法定程序修改土地利用总体规划。

4. 基本农田划定成果

（1）文字成果：基本农田划定方案，工作总结报告、检验分析报告等相关文字资料等。

（2）基本农田数据库。

（3）基本农田表册：基本农田现状登记表、现状汇总表、基本农田保护责任一览表、基本农田划定平衡表等。

（4）基本农田图件：标准分幅基本农田保护图，乡级基本农田保护图，县级基本农田分布图。

（5）其他成果：基本农田保护责任书、基本农田保护标志设立情况等成果资料。

5. 成果验收与上报

按照规定的批准权限，在完成县级自查、市级复检的程序后，由省级以上人民政府组织调整划定成果的验收。成果经验收合格后，由各级国土资源行政主管部门逐级备案。省级国土资源行政主管部门负责备案资料的审核和监督，并将核实确认后的成果资料及时上报国土资源部。备案工作应在成果验收合格后三个月内完成。

（四）基本农田的占用补划

基本农田占用补划是在基本农田现状调查分析成果的基础上，以土地利用现状调查成果为依据，将经依法批准占用基本农田或因各种因素实际减少基本农田的范围展绘在基本农田保护图上，结合农用地分等成果，确定占用基本农田的数量、质量、地类等；按照补划基本农田的要求，依据土地利用现状数据库及农用地分等成果，确定补划为基本农田的耕地地块，编制基本农田占用补划成果。

依法建设占用基本农田，应按照拟定的基本农田占用补划方案，依据已有基本农田划定成果与农用地分等成果，进行实地勘察，核实占用基本农田的地块，依法批准占用后，依据批准文件复核确认占用基本农田地块的空间位置、数量、质量、地类；依法批准或认定的生态退耕、灾毁等其他原因导致基本农田面积减少需补划时，根据灾毁认定和生态退耕相应文件确定的范围，依据基本农田数据库与农用地分等成果，确定灾毁、生态退耕减少基本农田地块的空间位置、数量、质量、地类。

依据核实占用（减少）基本农田的数量、质量，按照数量不减少、质量有提高、集中连片程度有所提高的原则，根据最新的土地利用现状数据库与农用地分等成果，实地勘察，综合确定补划的耕地地块。

1. 依法批准建设占用的基本农田

（1）按照基本农田补划方案，结合已有基本农田划定成果与农用地分等成果，实地勘察，核实占用基本农田的空间位置、数量、质量等级、地类等信息。

（2）依法批准建设占用基本农田后，依据批准文件复核确定占用基本农田的空间位置、数量、质量等级、地类。

2. 依法认定的其他原因减少的基本农田

依法认定的灾毁等其他原因导致基本农田面积减少需补划时，依据依法认定文件确定的范围，结合基本农田数据库与农用地分等成果，进行实地勘察，核实减少基本农田的空间位置、数量、质量等级、地类等信息。

3. 补划耕地地块的确认

依据核实占用（减少）基本农田的数量、质量等级，按照数量不减少、质量不降低的要求，结合最新的土地利用现状调查成果、土地利用总体规划成果与农用地分等成果，实地勘察，综合确定补划的耕地地块。

（五）高标准基本农田建设

1. 高标准基本农田的定义

一般认为，高标准应该包括三个含义：一是高产稳产，这是个相对概念、区域概念；二是方便耕作，农业生产条件好，能够节省劳力、节约生产成本，有利于实现农业现代化；三是耕地健康，农田环境、土壤环境和农业生产过程都要健康。根据国土资源部印发的《高标准基本农田建设规范（试行）的通知》（国土资发[2011]144号），高标准基本农田是指一定时期内，农村土地整治建设形成的集中连片、设施配套、高产稳产、生态良好、抗灾能力强，与现代农业生产和经营方式相适应的基本农田。

2. 高标准基本农田建设内容

高标准农田建设就是通过工程措施和生物措施等将耕地整理成"田成方、林成网、渠相通、路相连、涝能排、旱能灌"的旱涝保收、节水高效的高产稳产田。它不仅是一项田间工程，即对水、路、渠、林的改造和配套，更是实施土地平整、土壤结构改良的一项田面工程，是一种系统完整地提升耕地持续生产能力的综合性措施。

高标准农田建设是农村土地整治的重要内容，是优化耕地布局，提高耕地利用效率，提升耕地质量等级和生产能力的有效途径。同时，也是建设现代高效农业的基础保障，是推进新农村建设，增加农民收入，稳定农业生产，确保国家粮食安全的重要手段。

3. 高标准基本农田建设工程要求

1）土地平整工程

土地平整工程指为满足农田耕作、灌排需要而进行的田块修筑和地力保持措施，包括耕作田块修筑工程和耕作层地力保持工程。应合理规划田块、提高田块的归并程度，实现耕作田块相对集中。其中，耕作田块指由田间末级固定沟、渠、路等围成的土地平整基本单元。耕作田块规模应根据地形条件、耕作方式、作物种类等综合确定，平原区北方不宜低于200亩、南方不宜低于100亩，丘陵山区耕作田块规模可适当减少。具体规定如下：①应实现田面平整，水田格田内田面高差应小于±3cm；水浇地畦田内田面高差应小于±5cm。②耕作层土壤应符合《土壤环境质量标准》（GB15618—2008）的规定，影响作物生长的障碍因素应降到最低限度；应加强耕作层的保护，耕作层厚度应达到25cm以上，有效土层厚度应达到50cm以上。③地面坡度为5°～25°的坡耕地宜修建梯田，梯田化率不应低于90%。④土地平整形成的田坎应有配套工程措施进行保护，宜因地制宜地采用土坎、石坎、土石混合坎或植物坎等保护方式。

2）灌溉与排水工程

灌溉与排水工程指为防治农田旱、涝、渍和盐碱等灾害而采取的各种措施。包括水源工程、输水工程、喷微灌工程、排水工程、渠系建筑物工程、泵站及输配电工程。规定如下：①水资源利用应以地表水为主，地下水为辅，严格控制开采深层地下水，禁止使用未经处理的污水进行灌溉。②水源配置应综合考虑地形条件、水源特点等因素，宜采用蓄、引、提、集相结合的方式。③应根据灌溉规模、地形条件、田间道路、耕作方式等要求，合理布置各级输配水渠道及渠系建筑物，灌溉水利用系数不应低于《节水灌溉工程技术规范》

（GB/T50363—2006）的规定。④灌溉设计保证率应根据水文气象、水土资源、作物种类、灌溉规模、灌水方式及经济效益等因素确定，应参照地方用水定额标准确定。南方水稻区的灌溉设计保证率可按抗旱天数表示，单季稻项目区可取 30～50 天，双季稻项目区可取 50～70 天，经济较发达地区可按上述标准提高 10～20 天。⑤排涝标准应满足农田积水不超过作物最大耐淹水深和耐淹时间，应由设计暴雨重现期、设计暴雨历时和排除时间确定。旱作区农田排水宜采用 10 年一遇，1～3 天暴雨从作物受淹起 1～3 天排至田面无积水；水稻区农田排水宜采用 10 年一遇，1～3 天暴雨 3～5 天排至作物耐淹水深。⑥地下水位较高和土壤盐碱化地区，排水标准应符合《灌溉与排水工程设计规范》（GB 50288—1999）的规定。

3）田间道路工程

田间道路工程指为满足农业物资运输、农业耕作和其他农业生产活动需要所采取的各种措施，包括田间道和生产路。具体如下：①合理确定田间道路密度，满足农业机械化和生产生活便利的需要。②田间道的路面宽度宜为 3～6m，生产路的路面宽度宜为 3m 以下。大型机械化作业区，田间道的路面宽度可适当放宽。③田间道路通达度指集中连片田块中，田间道路直接通达的田块数占田块总数的比率。平原区应达到 100%，丘陵区不应低于 90%。

4）农田防护与生态环境保持工程

农田防护与生态环境保持工程指为保障土地利用活动安全，保持和改善生态条件，防止或减少污染、自然灾害等所采取的各种措施。包括农田林网工程、岸坡防护工程、沟道治理工程和坡面防护工程。具体规定如下：①农田防护与生态环境保持工程与田、路、渠、沟等有机结合。②农田防洪标准应采用以乡村为主的防护区防洪标准，重现期为 10～20 年一遇。③农田防护面积比例指通过各类农田防护和生态环境保持工程建设，受防护的农田面积占建设区农田总面积的比例。农田防护面积比例不应低于 90%。

4. 高标准基本农田管护

1）管护原则

（1）坚持数量、质量并重，兼顾生态。强调基本农田保护的数量与质量并重，并对基本农田的生态性进行评价，进一步提取出相应情景下所必需保障的基本农田的空间分布区域，以及提出生态功能基本农田规划方案，分析其空间分布和土地利用构成特点，评估基本农田保护区对城市土地生态服务功能的保障效果，从而明确最大限度地保护城区周边的基本农田不受侵占的重要性。

（2）结合生态环境安全评价，评估基本农田保护区对土地生态服务功能的保障效果。第一，构建生态用地（包括农地与其他生态用地）重要度评价模型，根据评价结果，提出生态安全的不同情景；第二，根据不同生态安全情景，制订不同的基本农田保护空间的规划标准；第三，将不同情景的基本农田保护空间范围与建设用地范围进行比较，选择既保障生态用地，又与城建规划冲突较小的方案，确定为生态功能基本农田保护空间的入选方案。第四，将选定方案中可入选基本农田的生态用地类型，规划为基本农田保护区。

（3）强化国家级、省级、市级和县级基本农田保护示范区建设，通过典型示范，提高全省耕地和基本农田质量。按照"因地制宜、分类指导、统一规划、突出重点、连片治理、讲求实效"的原则,逐步把示范区建成"涝能排、旱能灌、渠相连、路相通、田成方、地力高"的旱涝保收的高产稳产农田。

(4)运用现代化技术手段,将基本农田的位置、数量和质量信息化,实现基本农田信息的网络化管理,保证基本农田信息的现势性,提高基本农田保护工作效率,建立基本农田保护监督管理的长效机制。

2)管护标准

(1)档案资料完整齐全:项目区基本农田保护图件清晰,统一标定区、片、块位置和编号,反映基本农田现状;图、表、册等有关资料齐全,并做到整理归档、妥善保存、逐级备案。

(2)项目区标志统一规范:明确项目范围和拐点坐标,在主要道路到达的项目边沿设立标志牌,在项目区边界拐点设立界桩。标志牌和界桩要经济适用、坚固持久,标志内容要明确项目区范围、面积、要求及责任单位等。

(3)落实管护责任制:市、县、镇、村各级落实基本农田与基础设施保护目标责任制,在土地使用证和土地承包经营权证书上注明基本农田保护面积和责任人,签订保护责任书到户率达100%;建立基本农田保护动态监管制度;建立农田基础设施建设长效管护机制,形成执法监察网络。

(4)建立信息化监督管理体系:以基本农田基础资料和土地变更调查为基础,建立基本农田与设施基础数据库和信息管理系统;系统运行可靠,信息采集、处理、上报、反馈及时有效;准确反映基本农田现状和利用变化情况,可为基本农田审核、补划、执法监察、统计分析等提供依据。

3)管护措施

(1)贯彻落实基本农田永久保护政策,确保基本农田数量不减少,质量有提高。基本农田占补平衡是基于保障粮食安全、确保基本农田占补平衡等重要战略目的的开展的,研究要遵循数量为主、兼顾质量,平衡粮食综合生产能力,客观反映地力差异等一系列原则。

(2)对现有条件较好的高产田,要结合"示范区"工程,完善硬件建设,增加科技含量的投入,建设可持续的高产稳产农田;对现有的中低产田,要从农业生态学的观点出发,以改土培肥为中心,提高农田综合产出能力为目标,充分利用当地资源条件,组装配套综合技术,改善农田生态条件。同时,增加经济投入,强化农田基本建设,统一规划,实施沟、渠、田、林、路、桥、涵、闸配套,达到能灌能排能降,逐步改造成高产田、稳产田。

(3)建立基本农田质量监测体系。监测样点布设,可以掌握区域内的土壤肥力的动态变化情况,便于指导平衡施肥。同时,工业污染辐射区的监测点能及时发现和制止"三废"对土壤的污染。

(4)运用现代化技术手段,将基本农田的位置、数量和质量信息化,实现基本农田信息的网络化管理,保证基本农田信息的现势性,提高基本农田保护工作效率,建立基本农田保护监督管理的长效机制,达到保护国家"粮食安全"的目的。

(5)加强基本农田保护的法制化管理。各地大都颁布了地方《基本农田保护条例》或基本农田保护条例实施细则，建立和落实了基本农田保护制度，使基本农田保护工作纳入了法制化管理的轨道。但是，依然可以看到基本农田的法制保护还存在一些不尽合理的因素，需要在实践中不断地完善基本农田保护的各项法律法规。

（6）通过宣传教育，提高各级群众的基本农田保护意识。近年来，不少地方政府及群众对"农业是国民经济的基础，粮食是基础的基础"这一理论性和政策性的观点有所模糊和动摇。有些地方政府及农民只是从经济角度出发，没有从长远利益考虑，从而导致"上有政策，下有对策"的现象频繁发生。人多地少是我国的基本国情，耕地保护问题关系我国的经济发展、社会进步、社会稳定，是关系我国可持续发展的战略性问题，保护耕地就等于保护生命线，保护民族的发展，每个中国人都必须有强烈的耕地保护意识，都必须处理好整体与局部、近期与远期的关系，每一位炎黄子孙都必须怀有保护耕地的使命感和紧迫感，不能掉以轻心，敷衍了事，应有效建立一些教育引导机制。

三、基本农田数据库建设

（一）基本农田数据库内容

基本农田数据库包括应用于基本农田数据处理、管理和分析的基础地理要素、权属要素、地类要素、注记要素及影像要素等。

（二）基本农田数据库要素的分类及编码方法

基本农田数据库要素分类，大类采用面分类法，小类及小类以下采用线分类法。根据分类编码通用原则，将基本农田数据库数据要素依次按大类、小类、一级类、二级类、三级类和四级类划分，分类代码由十位数字层次码组成，其结构如图4.1所示。

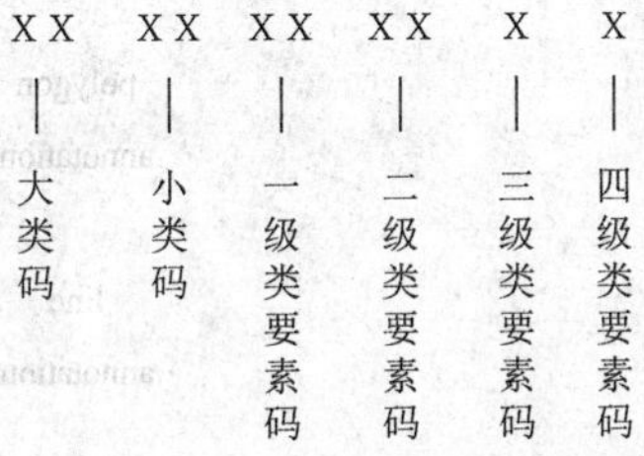

图 4.1　基本农田数据库要素分类

（1）大类码为专业代码，设定为二位数字码，其中，基础地理专业为10，土地信息专业为20；小类码为业务代码，设定为二位数字码；一~四级类码为要素分类代码，其中，一级类码为二位数字码，二级类码为二位数字码，三级类码为一位数字码，四级类码为一位数字码；小类码中基本农田的业务代码为05。

（2）基础地理要素的一级类码、二级类码、三级类码和四级类码引用《基础地理信息要素分类与代码》（报批稿）中的基础地理要素代码结构与代码。

（3）各要素类中如含有"其他"类，则该类代码直接设为"9"或"99"。

基础地理信息要素中的小类、子类均采用《基础地理信息要素分类与代码》中的

1：5000～1：10 万基础地理要素分类代码。

表 4.1 为构成基本农田信息的分类体系，以控制各类信息的编码和使用。

表 4.1　基本农田数据库信息分类体系表

要素代码	要素名称	几何特征	说明
1000000000	基础地理信息要素		引用基础地理信息要素分类与代码
1000600000	境界与行政区		
1000650000	县级行政区	polygon	空间信息
1000650100	行政区域	polygon	
1000650200	行政界线	line	
1000659000	县级行政区注记	annotation	
1000660000	乡级行政区		空间信息
1000660100	行政区域	polygon	
1000660200	行政区界线	line	
1000669000	乡级行政区注记	point	
1000310107	行政村	polygon	
1000670500	村界	line	
1000319000	居民地注记	annotation	
1000700000	地貌		空间信息
1000710000	等高线	line	
1000719000	等高线注记	annotation	
1000720000	高程注记点		
2000000000	土地信息要素		
2001000000	土地利用要素		引用县级土地利用数据库标准，采用规划基期土地利用数据
2001010000	地类图斑要素		空间信息
2001010100	地类图斑	polygon	
2001010200	地类图斑注记	annotation	
2001020000	线状地物要素		空间信息
2001020100	线状地物	line	
2001020200	线状地物注记	annotation	
2001030000	零星地物要素		空间信息
2001030100	零星地物	point	
2001030200	零星地物注记	annotation	
2005000000	基本农田要素		空间信息
2005010000	基本农田保护区域	polygon	
2005010100	基本农田保护区	polygon	
2005010200	基本农田保护片	polygon	
2005010300	基本农田保护块	polygon	
2005010400	基本农田保护图斑	polygon	
2005010900	基本农田注记	annotation	
2005020000	基本农田保护界线		空间信息
2005020100	界桩	point	

续表

要素代码	要素名称	几何特征	说明
2005020200	保护界线	line	
2005020900	保护界线注记	annotation	
2005030000	基本农田变化		空间信息
2005030100	基本农田数量变化	polygon	由项目占用、退耕、农业结构调整、灾毁等原因造成的变化
2005030200	基本农田质量变化	polygon	基本农田质量提升或降低
2005030900	基本农田变化注记	annotation	
2005040000	基本农田表格要素	table	表格信息
2005040100	基本农田土地质量	table	表格信息
2005040200	基本农田保护责任	table	表格信息

注：1. 本表基础地理信息要素第 5~10 位代码参考《基础地理信息要素分类与代码》。

2. 行政区、行政界线与行政区注记要素参考《基础地理信息要素分类与代码》（报批稿）的结构进行扩充，各级行政区的信息使用行政区与行政界线属性表描述。

3. 本表土地利用要素代码引用《县级土地利用数据库标准》，采用规划基期土地利用数据。

（三）基本农田数据库结构

1. 数据管理

基本农田数据库结构分为空间信息要素分层及非空间信息的组织与管理。

空间信息要素指图形数据，主要采用分层的方法进行组织管理，层的名称、代码、要素特征及属性表名的描述见表 4.2。

表 4.2　基本农田空间数据信息要素分层、定义与属性关联表

要素类型	层代码	层名称	属性表名	要素特征	图层内容
基础地理要素 A	A10	境界与行政区			
	A11	行政区划	XQQH	polygon	县、乡、村行政单元
	A12	行政界线	XZJX	line	县、乡、村行政界线
	A13	行政注记	XZZJ	annotation	县、乡注记
	A20	地貌			
	A21	等高线	DGX	line	
	A22	高程注记点	GCZJD	point	
	A23	等高线注记	DGXZJ	annotation	
土地利用要素 B	B11	地类图斑	DLTB	polygon	面状用地类型
	B12	线状地物	XZDW	line	线状用地类型
	B13	零星地类	LXDL	point	点状用地类型
	B14	土地利用要素注记	TDLYZJ	annotation	注记
基本农田要素 C	C10	基本农田保护区域		polygon	
	C11	基本农田保护区	BHQ	polygon	
	C12	基本农田保护片	BHP	polygon	
	C13	基本农田保护块	BHK	polygon	
	C14	基本农田保护图斑	BHTB	polygon	
	C19	基本农田注记	JBNTZJ	annotation	

续表

要素类型	层代码	层名称	属性表名	要素特征	图层内容
	C20	基本农田保护界线			
	C21	界桩	JZ	point	
	C22	保护界线	BHJX	line	
	C29	保护界线注记	BHJXZJ	annotation	
基本农田要素 C	C30	基本农田变化			
	C31	基本农田数量变化	SLBH	polygon	由项目占用、退耕、农业结构调整、灾毁等原因造成的变化
	C32	基本农田质量变化	ZLBH	polygon	
	C39	基本农田变化注记	BHZJ	annotation	

基本农田规划数据库非空间信息数据主要是指表格信息，表格信息采用二维关系表的方式进行组织管理。表格信息的要素和属性关联见表 4.3。

表 4.3　表格信息属性关联表

表格名称	属性表名	是否必选
基本农田保护责任	BHZR	是
基本农田土地质量	NTTDZL	是

2. 空间属性数据表

基本农田数据库中的空间属性数据表主要包括行政区属性结构表、行政区界线属性结构表、等高线属性结构表、高程注记点属性结构表、地类图斑属性结构表、线状地物属性结构表、零星地物属性结构表、基本农田保护区属性结构表、基本农田保护片属性结构表、基本农田保护块属性结构表、基本农田保护图斑属性结构表、保护界线属性结构表、界桩属性结构表、基本农田数量变化属性结构表、基本农田质量变化属性结构表、注记属性结构表等。各类型的属性结构表都包括字段名称、字段代码、字段类型、长度、小数位、值域、是否必填、说明等基本信息（表 4.4）。具体各类表格的结构见《基本农田数据库标准》（TD/T1019—2009）。

表 4.4　基本农田保护图斑属性结构描述表

序号	字段名称	字段代码	字段类型	长度	小数位	值域	是否必填	说明
1	目标标识码	MBBSM	Int	10		>0	是	
2	要素代码	YSDM	Char	10		见表4.1	是	
3	图斑编号	TBBH	Char	15		>0	是	
4	权属性质	QSXZ	Char	2			是	
5	耕地面积	GDMJ	Float	15	2	>0	是	单位：m²
6	基本农田面积	JBNTMJ	Float	15	2	>0	是	单位：m²
7	保护期限	BHQX	Int	4			是	
8	责任书影像	ZRSYX	Img				是	影像文件

注：图斑编号为权属单位代码+3 位流水代码。

第二节　耕地与基本农田的调查与建库实习

一、实习目的与要求

1. 实习目的

（1）深化对耕地、基本农田等基本概念与基本特征的理解与认识，了解耕地与基本农田利用与管理中存在的问题。

（2）熟悉耕地与基本农田调查的基本流程，培养开展耕地与基本农田调查工作的基本技能。

（3）熟悉耕地与基本农田数据库建立的标准与规范，掌握数据建库的基本技能。

2. 实习要求

（1）调研了解实验区域耕地利用的特点与存在的问题。

（2）了解基本农田保护区设定的要求。

（3）根据《基本农田数据库标准》要求，建立实验区域内基本农田数据库。

（4）绘制实验区域耕地及基本农田分布图。

（5）撰写实验区域耕地与基本农田调查报告。

二、实习准备工作

1. 选择实验区域

从遥感图像上初步识别耕地图斑，选择广州市近郊区耕地分布较密集、面积较连片、交通较便利的区域作为本次实习调研区。

2. 准备调研数据

利用遥感图像，辨识主要的土地利用类型，做出主要的地类分布图，包括耕地、建设用地、水域、交通等。其中，耕地是调研的主要对象。

3. 学习《基本农田数据库标准》

通过学习《基本农田数据库标准》了解建库对图层、字段、属性等内容的要求，明确外业调研所必需获取的信息。

4. 准备调研表格

依据数据建库需要，设计调研区域耕地所需表格（表4.5）。

表 4.5　耕地信息调查表

项目	内容	项目	内容
编号		灌溉水质	
坐落		灌溉保证率	
权属		排水条件	
面积		污染情况	
耕地类型		是否基本农田	
种植作物		备注	

三、实习内容与步骤

（1）分组：按学生人数分组，每组五六人。

（2）选择调研区域：可以选择一个镇为调研区，每个小组负责一个区域。

（3）勾勒实习区域主要土地利用类型：主要从遥感图像上辨识出主要的土地利用类型，为外业调研做准备。

（4）现场调研耕地与基本农田情况：了解实验区耕地与基本农田的分布及现状利用情况。

（5）填写相关表格：完成已设计好的表格内容。

（6）室内完成数据库建设：按数据库建库要求，完成数据库各要素的建设。

（7）绘制实验区耕地与基本农田分布图：绘制要素齐全、图幅精美的专题图。

（8）撰写实验区耕地与基本农田调查报告：对实验区耕地与基本农田的情况进行汇报与总结。

四、实习注意事项

（1）调研区域要有一定面积的耕地及基本农田分布，交通要便利。

（2）熟悉《基本农田数据库标准》，严格按数据库标准来设计数据库结构。

（3）实地调研主要掌握耕地的利用状况及存在的问题。

（4）专题图绘制要标准。

（5）耕地与基本农田调研报告要包括：实验区基本概况，耕地与基本农田的数量、质量、利用现状、存在问题及解决方案等内容。

第五章 建设用地利用与管理

第一节 基本理论知识

一、建设用地利用

（一）建设用地概念

建设用地是指用于建造建筑物、构筑物及其使用范围的土地，它利用的是土地的承载力。它把土地作为生产基地、生活场所，不以取得生物产品为主要目的。

（二）建设用地分类

1. 根据利用方式分类

（1）商服用地，指主要用于商业、服务业的土地，包括批发零售用地、住宿餐饮用地、商务金融用地及其他商服用地（包括洗车场、洗染店、废旧物资回收站、维修网点、照相馆、理发美容店、洗浴场所等）。

（2）工矿仓储用地，指主要用于工业生产、物资存放场所的土地，包括工业用地、采矿用地及仓储用地。

（3）公共管理与公共服务用地，指用于机关团体、新闻出版、科教文卫、风景名胜、公共设施等的土地，包括机关团体用地、新闻出版用地、科教用地、医卫慈善用地、文体娱乐用地、公共设施用地、公园与绿地、风景名胜设施用地。

（4）特殊用地，指用于军事设施、涉外、宗教、监教、殡葬等的土地，包括军事设施用地、使领馆用地、监教场所用地、宗教用地、殡葬用地。

（5）交通运输用地，指用于运输通行的地面线路、场站等的土地。包括民用机场、港口、码头、地面运输管理和各种道路用地。

（6）水利设施用地，主要包括沟渠和水工建筑物等用地。

2. 根据附着物的性质分类

（1）建筑物用地：建筑物是指人们在内进行生产、生活或其他活动的房屋或场所，如工业建筑、民用建筑、农业建筑和园林建筑等。

（2）构筑物用地：构筑物是指人们一般不直接在内进行生产、生活或其他活动的建筑物，如水塔、烟囱、栈桥、挡土墙等。

3. 根据土地所有权分类

（1）国有建设用地，指属于国家所有即全民所有的用于建造建筑物和构筑物的土地，包括城市市区的土地、铁路、公路、机场、国有企业、港口等国家所有的建设用地。

（2）集体所有建设用地，包括农民宅基地、乡（镇）村公共设施、公益事业、乡村办企业使用农民集体所有土地中的建设用地。

4. 根据用途分类

（1）非农业建设用地指一切非农业用途的建设用地，主要包括：城镇、工矿、村庄用地，交通用地，乡镇企业、农村作坊、机械化养殖场、采矿区、废石场、垃圾堆场等。

（2）农业建设用地指直接用于农业生产需要或规定用于农业生产配套的工程用地，如农用水泵、农用道路等建设所需使用的土地。

（三）建设用地特征

1. 承载性与非生态利用性

建设用地从利用方式上看，是利用土地的承载功能建造建筑物和构筑物，作为人们的生活场所、操作空间和工程载体，以及堆放场地，而不是利用土壤的生产功能。它与土壤肥力没有关系。建设用地的这个特点，要求在选择用地时，应尽可能将水土条件好的、可能生产出更多生物量的土地留作农业生产用地。建设用地可以利用水土条件相对较差、而承载功能符合要求的土地，从而使土地资源的配置更加合理，发挥土地更大的效益。

2. 土地利用逆转相对困难

一般而言，只要规划允许，农业用地转变为建设用地较为容易，但要使建设用地转变为农用地，则较为困难。除需要相当长的时间外，成本也相当高。建设用地的这个特点，要求在农用地转变为建设用地时，一定要慎重行事，严格把关，不要轻易将农用地转变为建设用地。

3. 土地利用的高度集约性

与农用地相比，建设用地占地面积较小，但单位建设用地面积上所投放的劳动力与资本比农用地要高得多，单位土地面积的直接经济产出也要比农用地高很多，是高度集约的土地利用。由于单位建设用地面积上可容纳较多的劳力和资本，因而相对于农用地而言，通过投入更多的劳力和资本来替代土地资源的可能性也大得多，因此在安排建设用地时可通过集约利用来节约用地，缓解土地供需紧张的矛盾。

4. 区位选择的重要性

在建设用地的选择中，区位起着非常重要的作用。例如，道路的位置决定着商业服务中心的布局，商业用地多配置在交通便捷、人口密集、地质条件良好的城市繁华地段，而不需要考虑土壤是否肥沃。但区位具有相对性：一是对一种类型的用地来说是优越的区位，对另一种用地来说则不一定。例如，临街的土地对商业来说是很好的区位，而对居住用地来说则不一定是优越的区位。二是区位的优劣可以随着周围环境的改变而改变，经济活动对区位本身的影响是巨大的，如交通站点的变迁对周围土地的影响。

5. 无限性与再生性

由于建设及经济发展的需要，建设用地占有土地，对农业构成了巨大的威胁。建设用地无限延伸，而土地的供应却是有限的，这就迫使人们要慎重考虑如何更加有效地以有限的供应去满足无限的需要。

建设用地的再生性是指建设用地能够从现有的建设用地即存量建设用地中经过再开发重新获得。充分发挥和利用建设用地的再生性，使人们在不断开发存量建设用地的过程中，获得越来越多的操作场所和建筑空间，提高土地利用效率。

6. 空间性与实体性

建设用地是整个建筑工程的一部分，建设用地的空间立体利用对于高效利用土地、节约用地，都是很有成效的。

建设用地的实体性是指建设用地具有固定的形状，是一个工程实体，一旦形成就能直接为人类建设活动服务。建设用地的实体性通过"营造结果"形成多种具有固定形状的工程实体，如建筑物、道路、机场等。

二、建设用地的管理

（一）建设用地管理的概念

建设用地管理是土地利用管理的重要内容，它是指国家为调整建设用地关系，合理组织建设用地利用而采取的行政、法律、经济和工程的综合性措施。

调整建设用地关系是指建设用地权属的确立与变更，以及理顺和协调在解决建设用地的分配和再分配过程中产生的各种关系。建设用地权属的确立与变更是指国有土地使用权和集体土地使用权的确立与变更，一般是通过土地征用、划拨、城镇国有土地使用权出让、转让及集体土地使用权的转移来实现的。而土地分配与再分配过程中产生的各种关系是指建设用地与农业用地之间的关系；城镇与郊区之间的关系；建设单位与主管部门之间的关系；各部门之间的用地关系；征地单位与被征地单位之间的关系；建设用地与环境保护、生态平衡之间的关系等。

合理组织建设用地利用是指对建设用地进行组织、利用、控制、监督。建设用地的组织是指对建设项目的可行性研究、布局、选址、规划及设计方案的实施，参与组织指导工作；建设用地的利用则是指国家对建设用地的开发及再开发采取的引导和约束的措施；建设用地的控制是指对建设用地采用宏观和微观管理措施；建设用地的监督则是对建设用地的动态变化趋势的监测，以及对规划方案的实施和建设用地计划指标执行情况进行的监督，是国家对一切非农业用地的开发和再开发及合理利用的控制、指导和监督。

（二）建设用地管理的内容

1. 建设用地的规划和计划管理

土地利用规划和计划是建设用地管理的基本依据，尤其涉及农用地转为建设用地时，首先要看其是否符合土地利用总体规划的要求，其次要看其是否符合土地利用年度计划的要求。

2. 建设用地的供应管理

建设用地供应是指国家将土地使用权提供给建设单位使用的过程。根据我国现行的有关法律法规，我国建设用地的供应主要有两大类：有偿使用和行政划拨。有偿方式又分为三种：土地使用权出让、土地使用权作价出资入股与土地使用权租赁。出让可按形式不同分为拍卖、招标、挂牌和协议出让。

3. 建设用地的征用管理

现行《中华人民共和国土地管理法》（以下简称《土地管理法》）规定：国家为了公共利益的需要，可以依法对土地实行征收或者征用并给予补偿。征收土地涉及农用地的，还要进行农用地转用审批，同时，还需要按照规定给予农民集体和原使用个人一定的补偿和安置。因此，在建设过程中涉及国家建设需要征收农民集体所有土地时，就需要实行土地征收，将集体土地所有权转变为国家所有，这是由我国的土地制度决定的。建设用地征收管理过程中的主要内容包括农用地转用审批、土地征收审批和农民安置补偿等。

4. 农村建设用地管理

农村建设用地是相对于城镇建设用地而言的，它是指在城镇建设规划区以外，主要由乡（镇）集体和农民个人投资的各项生产、生活和社会公共设施及公益事业建设所需要使用的土地。

（三）建设用地的供应方式

1. 划拨方式

《土地管理法》第54条规定：建设单位使用国家机关用地和军事用地、城市基础设施用地和公益事业用地、国家重点扶持的能源、交通、水利等基础设施用地、法律、行政法规规定的其他用地，经县级以上人民政府依法批准，可以以划拨方式取得。

2. 有偿使用方式供地

除划拨方式供应建设用地以外的所有建设项目，要按有偿方式提供土地。有偿使用的形式包括：国有土地使用权出让、转让、出租和作价出资或入股。

3. 依法使用集体土地

可以使用集体土地的建设项目包括：农民个人建房，但在两处建住宅是禁止的；乡（镇）村公共设施、公益事业建设；乡（镇）企业。

（四）建设用地的征收管理

1998年《土地管理法》规定：国家为了公共利益的需要，可以依法对集体所有的土地实行征用。2004年8月23日根据修改后的宪法规定的精神，修订后的《土地管理法》条文中将改变所有权的"征用"修改为了"征收"。因此，征收土地就是国家为了公共利益的需要，依法将集体所有的土地转变为国有土地的强制手段。

1. 征收权限

任何单位和个人进行建设，需要使用土地的，必须依法申请使用国有土地。但是，兴办乡镇企业和村民建设住宅经依法批准使用本集体经济组织农民集体所有的土地的，或者乡（镇）村公共设施和公益事业建设经依法批准使用农民集体所有土地的除外。

建设占用土地，涉及农用地转为建设用地的，应当办理农用地转用审批手续。省、自治区、直辖市人民政府批准的道路、管线工程和大型基础设施建设项目、国务院批准的建设项目占用土地，涉及农用地转为建设用地的，应由国务院批准。

在土地利用总体规划确定的城市和村庄、集镇建设用地规模范围内，为实施该规划而将农用地转为建设用地的，按土地利用年度计划分批次由原批准土地利用总体规划的机关批准。在已批准的农用地转用范围内，具体建设项目用地可以由市、县人民政府批准。

征收基本农田、基本农田以外的耕地超过 35hm^2 的、其他土地超过 70hm^2 的土地，由国务院批准。

国家征收土地的，依照法定程序批准后，由县级以上地方人民政府予以公告并组织实施。

2. 征收补偿

征收土地的，按照被征收土地的原用途给予补偿。

征收耕地的补偿费用包括土地补偿费、安置补助费及地上附着物和青苗的补偿费。征收耕地的土地补偿费，为该耕地被征收前 3 年平均年产值的 6～10 倍。征收耕地的安置补助费，按照需要安置的农业人口数计算。需要安置的农业人口数，按照被征收的耕地数量除以征地前被征收单位平均每人占有耕地的数量计算。每一个需要安置的农业人口的安置补助费标准，为该耕地被征收前 3 年平均年产值的 4～6 倍。但是，每公顷被征收耕地的安置补助费，最高不得超过被征收前 3 年平均年产值的 15 倍。

征收其他土地的土地补偿费和安置补助费标准，由省、自治区、直辖市参照征收耕地的土地补偿费和安置补助费的标准规定。

被征收土地上的附着物和青苗的补偿标准，由省、自治区、直辖市规定。

征收城市郊区的菜地，用地单位应当按照国家有关规定缴纳新菜地开发建设基金。

依照上述规定支付土地补偿费和安置补助费，尚不能使需要安置的农民保持原有生活水平的，经省、自治区、直辖市人民政府批准，可以增加安置补助费。但是，土地补偿费和安置补助费的总和不得超过土地被征收前 3 年平均年产值的 30 倍。

国务院根据社会、经济发展水平，在特殊情况下，可以提高征收耕地的土地补偿费和安置补助费的标准。

（五）农村建设用地的管理

1. 乡镇企业用地的管理

乡（镇）、村（或村民小组）两级农业集体经济组织举办的企业、农民集资联办的企业、农民个体企业及农民集体与其他单位和个人联办的企业使用本集体所有土地的，农民集体组织应当向县级以上人民政府土地行政主管部门提出申请，土地行政主管部门根据有关规定审查后，按各省、自治区、直辖市规定的批准权限报批。涉及占用农用地的，应当先办理农用地转用审批手续。

2. 乡（镇）村公共设施、公益事业建设用地的管理

乡（镇）村公共设施、公共事业建设用地包括：乡村行政办公、文化科学、医疗卫生、教育设施、生产服务和公用事业、乡村道路、水利设施、防洪设施等。这类建设用地的审

批程序为：由农民集体经济组织或村民委员会提出，经乡（镇）人民政府审核后，向县级以上人民政府土地行政主管部门申请，按省、自治区、直辖市规定的批准权限批准。

涉及占用农用地的，应当先办理农用地转用审批。使用其他集体所有土地的，应当给予补偿或调换土地。使用农民承包经营土地的，农民集体经济组织应当给予安置。涉及收回土地使用权的还应当给予补偿。

3. 农村村民宅基地的管理

1）宅基地的定义

宅基地是指农民的住房、辅助用房（厨房、禽畜舍、厕所等）、沼气池（或太阳灶）和小庭院（或开井）用地，以及房前房后少量的绿化用地。宅基地不包括农民生产晒场用地。

2）申请宅基地的条件及标准

符合以下条件的，可以申请宅基地：统一规划建设的新村、居民点，需要安排宅基地的农户；原有宅基地面积低于规定限额标准，居住拥挤的农户；一些确实需要分家、分居而又无宅基地的农户；回乡落户定居而又无宅基地的离休、退休、退职职工及其家人、华侨、侨眷等。

农村村民每户只能拥有一处宅基地，并且面积不能超过省、自治区、直辖市规定的标准。宅基地的用地标准各省根据不同情况有相应的规定。

宅基地已达到规定的标准就不能再申请宅基地，要寻新住宅可以在原住宅上改建，或退出原宅基地（包括宅基地），原则上不作处理，村民可以出卖等方式处理，也可以维持原状，但房屋不得翻建。房屋损坏后，退出多余的宅基地。

村民因住房出卖、出租而使用宅基地达不到标准，或没有宅基地，不得申请宅基地。但因两户的宅基地都达不到标准而相互之间进行调剂的，经过批准可以申请宅基地。严禁以建住宅为名搞房地产开发和炒作房地产的行为。

3）宅基地用地的审查程序

农村村民建造住房，由村民向农村集体经济或村民委员会提出申请，经村民委员会或村民代表大会讨论通过后，报经乡（镇）人民政府审核，再报县级人民政府批准。

三、农村居民点利用与管理

农村居民点是农村建设用地的核心部分，是农村人口生产、生活的空间载体。农村居民点的规模、分布及形态反映了农村居民点与周边的自然环境、社会经济条件及人地相互作用的结果，体现了农村聚落形成、发展及分布规律的共同特征与区域差异。长期以来，我国农村居民点用地布局缺乏科学合理的规划，导致我国农村居民点普遍存在布局散乱、无序扩张、人均占地面积大、基础设施建设落后、居住环境不良等弊病。在当前十分珍惜土地资源的基本国策下，依靠新增土地来实现城乡发展的模式已经不太现实，比较可行的方式是盘活现有土地，挖掘土地利用潜力，提高土地节约集约利用水平。因此，加强农村居民点利用与管理对我国建立合理可持续的农村居民点布局体系有着重大的现实意义。

（一）综合发展实力评价

农村居民点用地的合理性直接影响农村建设用地的综合利用水平，农村居民点的布局合理性是建设用地节约集约利用的重要条件。农村居民点利用受多种因素的影响，包括自然条件、社会经济条件、地区资源条件等，因此评价农村居民点利用是否合理，需要开展农村居民点综合发展实力评价，该评价结果可综合反映农村居民点未来的发展潜力，有利于为农村居民点优化布局提供依据。

1. 指标体系

1）评价指标体系构建原则

农村居民点综合发展实力评价的关键步骤是选取科学合理的评价因子，在选取评价因子时应遵循以下四个原则。

（1）综合性原则。农村居民点分布受当地自然条件、区位条件、土地利用条件和社会经济条件等综合因素的影响。因此，在进行综合发展实力评价时必须综合考虑各类型因素对农村居民点的影响。

（2）可比性原则。可比性原则要求评价结果在不同区域内是可比较的，因此所选取的具体评价因子在各个区域内的统计口径应该保持一致，有利于不同区域农村居民点综合发展实力的横向比较。

（3）可操作性原则。在构建评价指标体系时，应尽量选取意义明确、可量化且普遍存在便于收集的有代表性的评价因子，并且力求各评价因子无交叉重复，在应用过程中方便、简洁，利于提高评价的可信度。

（4）科学性原则。影响农村居民点布局合理性评价的因素是多方面的，在选取具体因子时，要从多方面选取代表性较好且能够全面反映农村居民点综合发展实力的因子，并且这些因子必须含义清晰明确，避免出现过多信息内涵重叠的评价因子。

2）评价指标体系的建立

（1）评价指标选取。评价指标的选取是区域农村居民点综合发展实力评价的关键步骤，应体现出各个评价指标之间的可区分性。根据农村居民点综合发展实力评价和优化农村居民点布局这一目的，评价指标体系可采用三层结构：第一层为指标层（C）；第二层为准则层（B）；第三层为目标层（A）（图5.1）。

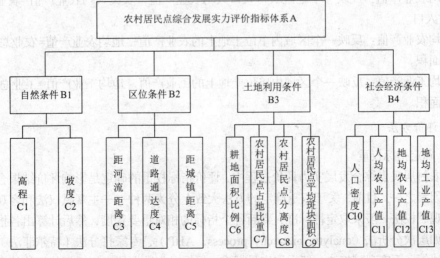

图5.1　村居民点综合发展实力评价指标体系

（2）评价指标含义。

高程：是指某点沿铅垂线方向到绝对基面的距离，一般也称为海拔高度。高程会直接影响农村居民点的布局与建设的难易程度，一般来说，在高程相对高的地区建设农村居民点会增加建设成本，而且危险系数也会升高；而高程相对较低的区域则适合农村居民点布局建设。

坡度：反映地表单元陡缓程度，通常是表示坡面的垂直高度和水平距离的比。坡度对于农村居民点的布局及建设同样有着较大的影响作用，坡度过大不利于当地居民的生产生活，而且容易诱发滑坡等自然灾害。

据河流距离：河流水源作为重要的自然资源和环境要素，是支撑农村生产生活和经济发展的基础条件，对于农民生活、经济发展、农业生产起到重要的支撑作用，可以用水域的影响半径表示。

道路通达度：是反映一个地区交通条件的优劣程度，一般来说，国道、省道、县道对于农村居民点聚集区的形成所起到的影响较大，也可以用道路影响半径表示。

据城镇距离：城市和建制镇作为整个地区政治、经济、文化的中心，对当地农村居民点的布局有直接的影响，靠近城市与建制镇的区域，基础设施条件较好，有利于农村居民点的进一步发展。

耕地面积比例：表示耕地占区域土地总面积的比例，耕地数量影响着当地农民的生产与生活，也是保障农村居民点持续发展的重要因素之一。

农村居民点占地比重：表示农村居民点占区域土地总面积的比例，反映了农村居民点的发展状况。

农村居民点分离度：表示农村居民点斑块的团聚程度，其分离度指数越大，反映区域农村居民点斑块分布越离散。

农村居民点平均斑块面积：表示区域农村居民点斑块总面积与斑块总数量的比值。

人口密度：指单位面积土地上的人口数量，是衡量人口分布的重要指标，可以反映不同区域人口分布的差异性。

人均农业产值：反映一个地区农村人口人均农业产值，农民人均农业产值=农业总产值/农村人口。

地均农业产值：反映一个区域内单位土地上的农业产值，地均农业产值=农业总产值/行政区面积。

地均工业产值：反映一个区域内单位土地上的工业产值，地均工业产值=工业总产值/行政区面积。

2. 评价方法

1）确定指标权重

在农村居民点综合发展实力评价过程中，评价指标权重的确定是影响评价结果合理性的重要因素之一。目前，关于权重确定的方法大致上分为两种——主观赋权法和客观赋权法。主观赋权法一般采取定性标准，判断各个指标的相对重要程度，然后计算出各指标的权重，如层次分析法（analytic hierarchy process，AHP）、专家打分法（特尔菲法）、模糊分析法等。而客观赋权法一般采取定量标准，根据已有数据研究指标间的相关关系或指标与评价结果的关系，从中确定权重系数，常用的有主成分分析法、熵值法、变异系数法等。

农村居民点综合发展实力涉及因素较多，同时又需要反映空间分布情况，而在多因素综合评价方面，层次分析法具有独特优势，因此可采用层次分析法和特尔菲法确定评价指标的权重。层次分析法的基本思路是：将复杂问题分解为若干层次和若干要素，并在同一层次的各要素间进行简单地比较、判断和计算。使问题简化为最低层相对于总目标的相对权重的确定或相对优劣次序的排定。通过德尔菲法建立判断矩阵，并且将评价指标进行量化分析，构造判断矩阵、计算判断矩阵的特征向量，并进行随机一致性检验，最后确定不同层次因子的权重。

2）指标量化分级

根据农村居民点用地需求与评价区域现实条件间的关系，可将评价指标适宜度划分为5个等级，分值为0~100分。设定条件为：完全符合当地农村居民点发展要求的，适宜度等级为5，分值为100分；不符合农村居民点发展要求的，适宜度等级为1，分值为20分。对于连续型变量，根据各指标值的频率突变点，利用自然分类方法进行等级的划分；而对于概念型变量，则可采用赋值法划分等级。表5.1设计的评价因子量化可依据不同研究区域确定不同的划分等级。

表5.1　农村居民点综合发展实力评价因子量化表

等级 指标	5级 （100分）	4级 （80分）	3级 （60分）	2级 （40分）	1级 （20分）
高程（m）					
坡度					
距城镇距离（m）					
距河流距离（m）					
交通通达度（m）					
耕地面积比例（%）					
农村居民点占地比重（%）					
农村居民点分离度					
农村居民点平均斑块面积（hm²）					
人口密度（人/hm²）					
农民人均农业产值（万元/人）					
地均农业产值（万元/km²）					
地均工业产值（万元/km²）					

3）计算评价结果

采用因子分值加权求和法求取农村居民点综合发展实力的评价分值，计算公式为

$$S_i = \sum_1^n W_i \cdot C_i \tag{5.1}$$

式中，S_i为评价单元的综合得分值；W_i为第i个指标的权重；C_i为第i个指标值。

借助专业的空间分析方法，将上述评价指标按照式（5.1）进行空间叠加，计算出每

一个评价单元的农村居民点综合发展实力值。依据该评价实力值，采用 SPSS 聚类分析法（K-均值法），将评价区域的农村居民点综合发展实力划分为三个等级：高发展实力等级、中发展实力等级、低发展实力等级。该等级的结果可为进一步的布局优化方案拟订提供参考依据。综合发展实力评价分值高的农村居民点应该成为重点发展对象，反之，评价分值较低的农村居民点则成为控制发展、迁移归并的对象。

（二）布局优化方案设计

农村居民点布局优化是通过科学有序的迁移、整合、城镇化等方式，引导农村居民从居住分散、环境较差的自然村居民点向区位条件良好、规划完善的村居居民点搬迁。开展农村居民点布局优化设计有利于改善农村居民的生活质量，提高农村地区土地资源的节约集约利用效率，推进地区城镇化建设。

1. 优化原则

1）促进合理用地原则

当前我国农村居民点用地布局缺乏科学合理的规划，导致我国农村居民点普遍存在布局散乱、无序扩张、人均占地面积大、基础设施建设落后、居住环境不良等弊病。应对农村居民点用地进行优化，促进其内部合理用地，实现农村居民点用地的节约集约利用，逐步消除"空心村"现象。

2）便于生产生活原则

农村居民点是村民日常生活的场所，与周边的其他农村居民点及其他生产建设用地应该有便捷的交通联系方式。因此，农村居民点的优化调整要以有利生产、方便生活为原则。同时，要考虑村民的生活习惯，尽量避免跨区域调整农村居民点。

3）因地制宜原则

根据不同区域的自然条件、区位条件、土地利用条件、社会经济条件和农村居民生产生活习惯等因素，依据因地制宜原则确定不同农村居民点的优化方案，控制农村居民点的不规则、无次序的扩张。

2. 优化方案

1）融入式发展类型

城镇建设用地是一个地区经济、政治、文化中心，对周边地区的农村居民点具有强烈的辐射影响作用。因此，依托城镇区域内区位条件、社会经济条件和交通基建设施的优势，这些农村居民点具备发展成为城镇用地的条件。与此同时，它们也是现有城镇区域的发展腹地，是分散城镇人口和环境压力的重要区域。随着区域经济的发展及城镇化进程的推进，发展条件较好的农村居民点可以通过统一的规划，采取"农转非""村改居"的方式，直接纳入城镇化发展计划之中。农村居民点综合发展实力评价等级为高等级的农村居民点是区域内综合条件较好、发展基础较强的农村居民点，可纳入融入式发展类型。

在对融入式发展的农村居民点进行布局优化时，应重点注意以下几个问题：①在优化过程中，将土地整治规划、村庄规划和城镇规划相衔接，以提高土地利用效率及强度为目标，将农村居民点有序地向城镇建设用地集聚靠拢，适当提高居民点的容积率；②在实现农村居民点城镇化的过程中，完善"村庄变社区、村民转居民"的管理机制，解决农村居民点功能定位问题；③农村居民点城镇化使农民原有的生产生活方式发生改变，政府必须切实关注其生活诉求，改变农村居民的就业结构，将其纳入城市社会保障体系，解决好失地农民的补偿问题。

2）拓展式发展类型

区域内区位条件相对较好、人口相对集中、经济实力相对较强、公共基础配套设施相对齐全的农村居民点，具备扩大规模的潜力，对于周边的农村居民点及农村居民具有较强的吸纳作用。因此，应该将其定位为拓展式发展类型的农村居民点，容纳周边的归并式和迁弃式农村居民点，成为日后农村居民点的集聚地区和农村居民的居住中心。

拓展式农村居民点（中心村）具备良好综合条件，能与城镇中心保持密切的社会、经济、交通和服务联系，是城镇中心与农村地区联系的核心地区，对其周边的农村居民点有较强的辐射功能。采取现代化新农村建设方式，引导其周边用地规模较小、分散无序、发展潜力不足的农村居民点向这些中心村集聚，能够有效提高区域农村土地合理利用程度，实现农村居民点用地节约集约利用。因此，中心村的合理规划及优先发展是农村社会发展的关键：①加强与城镇中心地区经济、文化的联系，优先解决中心村空间布局形态优化与配套基础设施的建设，提高其对周边地区农村居民点的辐射带动作用；②将农村居民点整治与社会经济发展目标相结合，科学合理规划中心村产业结构，建设经济快速发展、空间布局合理、基础设施完善、人居环境优美的新型农村居民点；③在农村居民点整治过程中，应适当预留发展用地，以备周边农村居民点的迁入安置。

3）控制式发展类型

控制式发展类型农村居民点可分为两种类型：一种是其综合发展条件不高，但居民点面积及人口规模较大，进行整体搬迁具有一定难度；另一种是一部分农村居民点具备一定的发展条件，但是由于拓展式发展类型的农村居民点是优先发展的对象，因此可令其维持现状。

对于综合发展条件不高的控制式农村居民点，在布局优化中适宜以自然村形式保存下来，政府可以对其采用限制性发展策略，引导农村人口逐步外迁，向周边城镇或者中心村靠拢，逐步减少其农村居民点用地规模及人口总量，促进自然衰退，再进行迁移归并。对于具备一定发展潜力的控制式农村居民点，可以通过合理的村庄规划，加强其基础设施建设，充分挖掘已有农村居民点发展潜力，盘活存量建设用地，鼓励农户循环利用村落中的旧宅基地和闲置宅基地，为未来的城镇化发展或拓展式发展打下良好基础。

4）归并式发展类型

归并式发展类型农村居民点是指受区位条件、社会经济条件等因素的影响，区域农村居民点发展潜力不足，对农民吸引力逐步减弱，在农村居民点布局优化时考虑将其列为迁并对象的农村居民点。主要可分为两种类型：一种是发展条件较差，用地规模较小，用地布局分散，综合发展实力较低，整村向中心村迁并，有利于农村居民点的聚集发展，提高区域土地节约集约程度的；另一种是农村居民点之间空间距离过近，可以进行几个农村居民点的集聚归并。

对于归并式发展类型农村居民点，应该引导当地农村人口分批向周边的城镇、中心村迁移，并对原居民点旧址进行土地整治，有条件的复垦为耕地，使其成为可开发的耕地后备资源。同时，必须解决好迁移农民的就业问题、子女就学问题，提高农户的搬迁积极性。

5）迁弃式发展类型

坡度大于 25°的地区地形陡峭，容易诱发泥石流等自然灾害，对村民的生命财产安全造成较大威胁，所以该区域不适宜布局农村居民点。因此将处于坡度大于 25°地区的所有农村居民点定义为迁弃式发展类型。此类型的优化重点是加快整治步伐，优先一次性地将其迁移到就近的城镇建设或者中心村，加强原有土地生态保护建设。

第二节　农村居民点用地评价与优化实习

一、实习目的与要求

1. 实习目的

（1）加深对农村建设用地的基本概念、分类及特征的理解与认识，了解农村居民点利用与管理中存在的问题。

（2）熟悉农村居民点综合发展实力评价的基本流程。

（3）掌握农村居民点布局优化的方法与基本技能。

2. 实习要求

（1）收集调查区域农村居民点用地数据、研究区人口、经济等相关数据。

（2）开展研究区域农村居民点综合发展实力评价。

（3）设计研究区域农村居民点布局优化方案。

（4）绘制研究区域农村居民点综合发展实力评价图、布局优化图。

（5）撰写研究区域农村居民点利用调查、评价与优化方案报告。

二、实习准备工作

1. 确定研究区域

各小组依据资料收集的可行性，以完整的行政单元内的农村居民点用地为研究对象，确定研究区域，可以是镇级或村级行政单元。

2. 掌握农村居民点综合实力评价方法

熟悉评价原则、评价技术路线、评价指标、评价方法等内容的要求。

3. 设计评价指标体系

从评价单元资料可获取性、全面性、动态性等原则出发，分析构建研究区农村居民点综合发展实力评价的指标体系需要考虑的内容与方面。

4. 收集基础数据

利用相关的统计年鉴、报表、网络数据库等多方资源，收集评价区域基本的自然、经济、人口与土地利用等相关的各类型数据（表5.2）。

表 5.2　基础数据收集列表

序号	收集数据	备注
1	地形图	高程数据、坡度数据
2	土地利用现状图	农村居民点用地、耕地、河流、道路、城镇分布等
3	统计年鉴	人口、农业人均收入、农业产值、工业产值等
4	规划文本	获取土地利用规划、城镇规划等背景资料

三、实习内容与步骤

（1）明确评价对象。

（2）定性分析评价区域内的农村居民点用地与社会、经济发展的协调状况，初步判断农村居民点用地的利用趋势。

（3）建立农村居民点综合发展实力评价指标体系，划定评价分值，确定相应权重。

（4）计算评价对象的各项评价得分值。

（5）根据定量评价得出研究区域农村居民点综合发展实力评价结果。

（6）依据评价结果，确定农村居民点布局优化方案。

（7）编制评价与优化成果报告、图件和基础资料汇编。

四、实习注意事项

（1）评价区域要为完整行政单元，以统计年鉴上的统计单元为对象，方便评价指标各数据的计算。

（2）评价成果图及布局优化图绘制要遵循一定的制图规范。

（3）编制评价与优化成果报告要包括：评价区域基本概况介绍（包括农村居民点用地的数量、类型、存在问题等）、综合发展实力评价的过程、评价的结果、优化布局的依据、方案的选择等。

第六章 土地登记与交易

第一节 基本理论知识

一、土地登记

（一）基本概念

土地登记就其字意可以理解为将土地信息记录于簿册。它作为地籍管理的专有名词，并不仅仅是对土地状况的描述，更重要的是土地产权的登记。土地登记是国家依照法定程序对土地的坐落、面积、用途、权利等项目登记造册、核发证书的一项制度。

土地登记除了确认土地所有者、使用者、土地他物权者，依法取得土地所有权、使用权、土地他物权，同时也保障其合法权益不受侵犯，保障社会主义土地使用方式的稳定性和合理性外，也为充分、有效地利用土地，为制定有关土地政策提供法律依据。

（二）土地登记内容

1. 土地登记主体

土地登记既是一种国家保护土地产权人合法权益的制度，也是一种发生于登记过程中不同社会主体之间的法律关系。广义上讲，产权登记主体是依法能够参与登记的社会主体，即指国家指定的登记机关和申请登记的权利人。从狭义层面看，登记主体也就是登记过程中的法律关系主体，通常指申请登记的权利人。

（1）登记机关。土地登记是在登记申请人和登记机关之间实施的行为。登记机关是法律规定的、专门负责接受当事人的登记申请、依法对申请土地进行登记的社会组织或政府部门。登记机关必须具有法定性，我国的土地登记机关主要是各级政府国土资源管理部门。

（2）登记申请人。登记申请人是指依法向登记机关申请将土地权利记载于登记簿的当事人。我国法律规定，土地登记的申请人是：集体土地所有权人、国有土地使用权人、集体土地使用权人和土地他物权人。

2. 土地登记客体

土地登记客体就是土地及权利。对于土地标的物，在登记簿上有标示栏反映；对于土地权利，在登记簿有产权栏反映；而作为登记主体的权利人，相关信息反映在登记簿的相关栏目中。土地标的物一般以坐落、面积、价值和编号等表示。土地权利是法律规定的要求进行登记的权利。

（1）产权。土地产权性质分为：国有土地使用权、集体土地使用权、集体土地所有权、集体土地使用权和土地他物权。

（2）土地权属界址，是指某一权属单位的土地（宗地）的位置和范围，或是某一土地权属单位所有或使用的土地权属界线。反映在实地上，界址表现为界址点及其界标；反映在地籍图上，界址表现为界址点符号及其编号和界址点连线（界址线）；反映在地籍调查簿册上，是各界址点的坐标或相对位置说明。土地权属范围除了用图和坐标记录表上载明的界址点来确定外，在土地登记簿和土地证书上还可加注四至，标明相邻宗地的权利人。权属界址清楚无争议，是进行注册登记、确认土地权属的重要条件。要保证实地界址点与地籍图、坐标表、界址点文字描述相一致。界址不清的，或者存在土地权属界址争议的，必须依法查清、处理后，才能进行土地登记。

（3）土地面积，是指宗地权属界址线范围内的土地面积，是由土地权属界址确定的。土地权属界址一经确定，土地权属面积随之确定。土地面积可以根据权利人对宗地的使用情况，分为独用面积、共用面积、共用分摊面积。

（4）土地用途，是指土地权利人依照规定对其权利范围内的土地利用方式。土地用途主要反映土地的功用，土地地类则主要反映土地的利用结构，具体到一宗地时，二者内容是一样的。城镇村及工矿用地的用途，在土地登记时，登记到该用地类型的二级地类，包括：城市、建制镇、村庄、采矿用地、风景名胜及特殊用地。农用土地的用途，在土地登记时，登记到全国土地利用现状分类中的一级地类，包括耕地、园地、林地、草地。

（5）土地等级和价格。城镇土地分等定级采用"等"和"级"两个层次划分体系。土地"等"反映全国城镇之间土地的地域性差异。土地"级"反映一个城镇内部土地的区位条件和利用效益的差异。土地等级作为土地登记的内容，其变动相对较慢，而土地价格则变动较快。一般来讲，土地的标定地价、出让地价、转让地价、申报地价、抵押价格、入股价格都属于应当进行登记的内容。

（6）土地使用条件。土地使用条件是土地产权的重要组成部分，直接关系土地权利的价格，包括建设占地面积、建筑限高、建筑密度、容积率等。土地使用条件主要来源于城镇规划的限定、土地使用者有偿出让合同中的规定和用地批准文件的规定三个方面。

（7）房屋信息。房屋登记的内容包括：房屋坐落、产权人、产权性质、产别、总层数和所在层次、建设结构、建成年份、用途、占地面积、建筑面积、分摊面积、墙体归属、权源、产权纠纷和他项权利等基本情况，以及绘制房屋权界线示意图。

（三）土地总登记

土地总登记是针对辖区内所有土地，在一个确定的时点进行的一种普遍性登记。总登记的特点是土地权利人在拥有或使用土地期间，无论是否发生过变更，都必须按照登记机关的要求，在确定的时点，通过一定的程序，在统一的簿册上进行注册登记。总登记属于静态登记，即不论权利是否发生变动或转移，都要进行登记。

需要进行土地总登记的情形主要有两种：一种是从未进行过土地登记的地区；二是原有登记要全面更新。土地总登记是日常变更登记日基础，通过土地总登记建立起来的辖区每宗土地的表、卡、证是以后变更登记的根据，没有总登记，变更登记就无从谈起。

1. 登记准备与通告

建设用地从利用方式上看，是利用土地的承载功能，建造建筑物和构筑物，作为人们的生活场所、操作空间和工程载体，以及堆放场地，而不是利用土壤的生产功能。它与土壤肥力没有关系。建设用地的这个特点，要求在选择用地时，应尽可能将水土条件好的、可能生产出更多生物量的土地留作农业生产用地。建设用地可以利用水土条件相对较差、而承载功能符合要求的土地，从而使土地资源的配置更加合理化，以发挥土地更大的效益。

2. 登记申请与地籍调查

一般而言，只要规划允许，农业用地转变为建设用地较为容易，但要使建设用地转变为农业用地，则较为困难。除需要相当长的时间外，成本也相当高。建设用地的这个特点，要求在农业用地转变为建设用地时，一定要慎重行事，严格把关，不要轻易将农用地转变为建设用地。

3. 权属审核与公告

与农用地相比，建设用地占地面积较小，但单位建设用地面积上所投放的劳动力与资本比农用地要高得多，单位土地面积的直接经济产出也要比农用地高很多，是高度集约的土地利用。由于单位建设用地面积上可容纳较多的劳力和资本，因而相对于农用地而言，通过投入更多的劳力和资本来替代土地资源的可能性也大得多，因此在安排建设用地时可通过集约利用来节约用地，缓解土地供需紧张的矛盾。

4. 注册登记与颁发证书

在建设用地的选择中，区位起着非常重要的作用。例如，道路的位置决定着商业服务中心的布局，商业用地多配置在交通便捷、人口密集、地质条件良好的城市繁华地段，而不需要考虑土壤是否肥沃。但区位具有相对性：一是对一种类型的用地来说是优越的区位，对另外一种用地来说则不一定，如临街的土地对商业来说是很好的区位，而对居住用地来说则不一定是优越的区位。二是区位的优劣可以随着周围环境的改变而改变，经济活动对于区位本身的影响是巨大的，如交通站点的变迁对周围土地的影响。

（四）土地初始登记

1. 国有土地使用权初始登记

1）划拨国有土地使用权初始登记

划拨国有土地使用权就是土地使用者通过划拨方式获取的国有土地使用权，除法律、行政法规另有规定外，一般没有期限的限制。划拨国有土地使用权初始登记是对一宗土地上新确认的以划拨方式取得的国有土地使用权进行的土地产权的第一次登记。

划拨国有土地使用权初始登记的申请人为划拨国有土地使用者。须办理划拨国有土地使用权初始登记的有以下三种情形：①新开工的大中型建设项目使用划拨国有土地的；②其他项目使用划拨国有土地的；③集体土地依法转为国有土地后，原集体土地使用者继续使用该国有土地的。

相对应申请时限分别为：①新开工的大中型建设项目使用划拨国有土地的，建设单位应当在接到县级以上人民政府发给的建设用地批准书之日起 30 日内，持建设用地批准书申请土地预告登记，建设项目竣工验收后，建设单位应当在竣工验收之日起 30 日内，持验收报告和其他有关文件申请国有土地使用权初始登记。②其他项目使用划拨国有土地的，土地使用单位或者个人应当在接到县级以上人民政府批准用地文件之日起30日内，持批准用地文件申请国有土地使用权初始登记。③集体土地依法转为国有土地后，原集体土地使用者继续使用该国有土地的，应当在土地所有权性质变更后30日内办理初始登记。

申请人应提交的土地权属证明文件包括：①国有土地划拨决定书；②建设用地批准书；③新开工大中型建设项目土地预告登记文件；④大中型建设项目竣工验收报告；⑤征地勘测图件；⑥原《集体土地使用权证》；⑦其他证明文件。

权属审核注意两点：①划拨土地使用权的土地应符合《划拨用地目录》范围；②经征地勘测的宗地面积应与国有土地划拨决定书批准用地面积基本一致。

2）出让国有土地使用权初始登记

土地使用权出让是国家以土地所有者的身份将土地使用权在一定年限内让与土地使用者，并由土地使用者向国家支付土地使用出让金的行为。出让国有土地使用权初始登记是对一宗土地以出让方式取得的国有土地使用权进行的土地登记。

出让国有土地使用权初始登记的申请人为出让国有土地使用权的受让者。办理出让国有土地使用权初始登记的有两种情形：①出让国有土地使用权按出让合同约定，受让方一次支付全部出让金的，在支付出让金后30日内，申请出让国有土地使用权初始登记。②出让国有土地使用权成片开发按出让合同约定一次出让，受让方分期付款，分期取得使用权的，在每付款后30日内，申请出让国有土地使用权初始登记。

申请人应提交的土地权属来源证明包括：①建设用地批准书；②《国有土地使用权出让合同》；③国有土地使用权出让金全部缴纳完毕的凭证；④有关税费的交纳凭证；⑤其他证明文件。

在登记的权属审核时，对《国有土地使用权出让合同》应着重从两个方面来进行审核：①国有土地使用权出让合同的出让方，依法是市、县人民政府土地行政主管部门；出让合同应由市、县人民政府土地行政主管部门与受让方（申请人）签订，其他部门、组织和个人为出让方与他人签订的出让合同无效。②出让标的只能是经依法批准的国有土地使用权，出让集体土地使用权或未经依法批准的国有土地使用权，签订的出让合同无效。

出让国有土地使用权初始登记需报人民政府批准，经人民政府批准后，方可进行注册登记。

2. 集体土地所有权与使用权初始登记

集体土地所有权初始登记的申请人为集体土地所有者，集体土地使用权初始登记的申请人为集体土地使用者。集体土地所有者应当在做出申请登记决定或接到相关单位和个人依法要求登记书面文件之日起30日内申请集体土地所有权初始登记。

使用集体土地进行建设或者生产的，集体土地使用单位或者个人应当在接到有批准权的地方人民政府批准用地文件或者签订农地使用合同之日起30日内申请集体土地使用权初始登记。

办理权利登记，申请人应提交的土地权属证明文件主要有：①土地改革时颁发的土地所有证；②人民政府和有关部门批准文件；③权属界线协议书；④其他证明文件。

集体土地农业用地使用者向土地登记机关提交的土地权属证明文件为：①人民政府批准文件；②土地承包经营合同；③拍卖金支付凭证；④其他证明文件。

乡（镇）村企事业建设用地使用者向登记机关提交的土地权属证明文件为：①人民政府建设用地批准文件；②建设用地批准书；③联营合同；④原《集体土地使用证》；⑤其他证明文件。

农村居民宅基地使用者向登记机关提交的土地权属证明文件为：人民政府批准文件和其他证明文件。

3. 土地他物权设定登记

土地他物权设定登记包括土地使用权设定抵押登记和土地使用权出租设定登记。

土地使用权设定抵押登记是对已登记过国有土地使用权或集体土地使用权宗地上新设定抵押权进行的土地登记。土地抵押权设定登记申请人为抵押人（土地使用者）和抵押权人。依法抵押土地使用权的，当事人应当在抵押合同签订后 15 日内，申请土地使用权抵押登记。同一宗地多次抵押时，以收到抵押登记申请先后为序办理抵押登记和实现抵押权。申请登记时，申请人应提交的土地权属证明文件包括：土地使用权证、主合同和抵押合同、土地估价报告，以及下列其他相关文件：①以划拨土地使用权抵押的，提交土地行政主管部门批准抵押文件和处置时应交付的土地出让金金额；②依法以集体土地使用权抵押的，提交集体土地所有权人同意抵押证明；③抵押人为股份制企业的，提交董事会同意抵押证明；④以共有土地使用权抵押的，提交其他共有人同意抵押证明。

土地使用权出租设定申请人为出租人（土地使用者）和承租人。有出租权的土地使用者依法出租土地使用权的，出租人和承租人应当在租赁合同签订后 15 日内，申请土地使用权出租登记。申请出租设定登记，申请人应提交的权属证明文件主要有：①土地权属来源证明。土地使用权出租设定登记申请人向土地登记机关提交的土地权属来源证明为《国有土地使用证》和《集体土地使用证》。②划拨土地使用权出租批准文件。③土地使用权出租合同。④有关部门认证的出租地块开发投资证明。⑤其他证明文件。

土地使用权抵押设定登记和出租设定登记不涉及土地所有权、使用权的变更，因此，两者的设定登记均不需报人民政府批准，只需经土地行政主管部门批准后，即可直接注册登记。

（五）土地变更登记

1. 土地使用权变更登记

土地使用权变更登记是指权属人姓名或者名称，土地坐落、用途、使用类型、宗地界址、面积、土地使用权起止年限等发生变化而进行的变更登记。

2. 其他土地变更登记

变更土地登记又称日常土地登记，指在初始土地登记完成之后，对新产生的土地权利进行的设定登记和对土地的权利和主要用途等发生变化而进行的改正和补充登记。

二、土地交易

（一）土地使用权出让

土地使用权出让是指国家以土地所有者的身份将土地使用权在一定年限内让与土地使用者，并由土地使用者向国家支付土地使用权出让金的行为。土地使用权出让应当签订出让合同。土地使用权出让合同由市、县人民政府土地管理部门与土地使用者签订。

土地使用权的出让，必须符合土地利用总体规划、城市规划和年度建设用地计划，并且由市、县人民政府负责，有计划、有步骤地进行。土地使用权出让的地块、用途、年限和其他条件，由市、县人民政府土地管理部门会同城市规划和建设管理部门、房产管理部门共同拟订方案，按照国务院规定的批准权限批准后，由土地管理部门实施。直辖市的县人民政府及其有关部门行使规定的权限，由直辖市人民政府规定。

城市规划区内的集体所有的土地，经依法征用转为国有土地后，该幅国有土地的使用权方可有偿出让。县级以上地方人民政府出让土地使用权用于房地产开发的，须根据省级以上人民政府下达的控制指标拟订年度出让土地使用权总面积方案，按照国务院规定，报国务院或者省级人民政府批准。

土地使用者必须按照出让合同约定，支付土地使用权出让金；未按照出让合同约定支付土地使用权出让金的，土地管理部门有权解除合同，并可以请求违约赔偿。土地使用者按照出让合同约定支付土地使用权出让金的，市、县人民政府土地管理部门必须按照出让合同约定，提供出让的土地；未按照出让合同约定提供出让的土地的，土地使用者有权解除合同，由土地管理部门返还土地使用权出让金，土地使用者并可以请求违约赔偿。土地使用者需要改变土地使用权出让合同约定的土地用途的，必须取得出让方和市、县人民政府城市规划行政主管部门的同意，签订土地使用权出让合同变更协议或者重新签订土地使用权出让合同，相应调整土地使用权出让金。

国家对土地使用者依法取得的土地使用权，在出让合同约定的使用年限届满前不收回；在特殊情况下，根据社会公共利益的需要，可以依照法律程序提前收回，并根据土地使用者使用土地的实际年限和开发土地的实际情况给予相应的补偿。土地使用权出让合同约定的使用年限届满，土地使用者需要继续使用土地的，应当至迟于届满前一年申请续期，除根据社会公共利益需要收回该幅土地的，应当予以批准。经批准准予续期的，应当重新签订土地使用权出让合同，依照规定支付土地使用权出让金。土地使用权出让合同约定的使用年限届满，土地使用者未申请续期或者虽申请续期但依照前款规定未获批准的，土地使用权由国家无偿收回。

土地使用权因土地灭失而终止。

土地使用权出让金应当全部上缴财政，列入预算，用于城市基础设施建设和土地开发。土地使用权出让金上缴和使用的具体办法由国务院规定。

土地使用权出让最高年限由国务院规定，土地使用权出让最高年限按下列用途确定：①居住用地70年；②工业用地50年；③教育、科技、文化、卫生、体育用地50年；④商业、旅游、娱乐用地40年；⑤综合或者其他用地50年。

土地使用权出让可以采取下列方式：①协议；②招标；③拍卖。

招标出让国有土地使用权，是指市、县人民政府土地行政主管部门（以下简称出让人）发布招标公告，邀请特定或者不特定的公民、法人和其他组织参加国有土地使用权投标，根据投标结果确定土地使用者的行为。

拍卖出让国有土地使用权，是指出让人发布拍卖公告，由竞买人在指定时间、地点进行公开竞价，根据出价结果确定土地使用者的行为。

商业、旅游、娱乐和豪华住宅用地，有条件的，必须采取拍卖、招标方式；没有条件，不能采取拍卖、招标方式的，可以采取双方协议的方式。

采取双方协议方式出让土地使用权的出让金不得低于国家规定的最低价。

协议出让国有土地使用权最低价（以下简称"协议出让最低价"），是指上级人民政府为了宏观调控土地市场，防止低地价协议出让国有土地使用权而实施的出让金最低控制标准。协议出让最低价由省、自治区、直辖市人民政府土地管理部门拟定，报同级人民政府批准后下达市、县人民政府土地管理部门执行。协议出让最低价根据商业、住宅、工业等不同土地用途和土地级别的基准地价的一定比例确定，具体适用比例由省、自治区、直辖市确定。但直辖市、计划单列市及省、自治区人民政府所在地的城市的具体适用比例，须报国家土地管理局核准，基准地价按《城镇土地估价规程》确定。基准地价调整时，协议出让最低价应当作相应调整。

国家支持或重点扶持发展的产业及国家鼓励建设的项目用地，可按行业或项目分类确定不同的协议出让最低价。确定协议出让最低价应当综合考虑征地拆迁费用、土地开发费用、银行利息及土地纯收益等基本因素。

省、自治区、直辖市人民政府土地管理部门应当将确定的协议出让最低价在实施前报国家土地管理局备案，对确定协议出让最低价不符合规定要求的，国家土地管理局可以责令重新确定。

协议出让最低价执行情况。由确定和核准的人民政府土地管理部门负责监督检查，以协议方式出让国有土地使用权时，其出让金低于协议出让最低价的，由负责监督检查的人民政府土地管理部门责令限期改正。逾期不改正的，土地使用权出让合同无效，由此造成的损失由出让方承担，有关责任人员由其所在单位或者上级机关视情节给予行政处分。

土地使用权公开转让或出让流程：材料受理→材料审查→实地踏勘→编制交易文件→审批→发布公告→组织实施公开交易→公布结果→资料归档。

（二）土地使用权转让

土地使用权转让是指土地使用者将土地使用权再转让的行为，包括出售、交换和赠与。未按土地使用权出让合同规定的期限和条件投资开发、利用土地的，土地使用权不得转让。土地使用权转让应当签订转让合同。土地使用权转让时，土地使用权出让合同和登记文件中所载明的权利、义务随之转移。土地使用者通过转让方式取得的土地使用权，其使用年限为土地使用权出让合同规定的使用年限减去原土地使用者已使用年限后的剩余年限。

土地使用权转让时，其地上建筑物、其他附着物所有权随之转让。地上建筑物、其他附着物的所有人或者共有人，享有该建筑物、附着物使用范围内的土地使用权。土地使用者转让地上建筑物、其他附着物所有权时，其使用范围内的土地使用权随之转让，但地上建筑物、其他附着物作为动产转让的除外。

土地使用权和地上建筑物、其他附着物所有权转让，应当按照规定办理过户登记。土地使用权和地上建筑物、其他附着物所有权分割转让的，应当经市、县人民政府土地管理部门和房产管理部门批准，并依照规定办理过户登记。

土地使用权转让价格明显低于市场价格的，市、县人民政府有优先购买权。土地使用权转让的市场价格不合理上涨时，市、县人民政府可以采取必要的措施。

土地使用权协议转让流程：材料受理、审查→办理交易鉴证→出具计费单、成交证明书→核准→缴交交易服务费→领取备案合同及成交证明书→资料归档。

（三）土地使用权行政划拨

划拨土地使用权是指土地使用者通过各种方式依法无偿取得的土地使用权。前款土地使用者应当依照《中华人民共和国城镇土地使用税暂行条例》的规定缴纳土地使用税。

符合下列条件的，经市、县人民政府土地管理部门和房产管理部门批准，其划拨土地使用权和地上建筑物、其他附着物所有权可以转让、出租、抵押：①土地使用者为公司、企业、其他经济组织和个人；②领有国有土地使用证；③具有地上建筑物、其他附着物合法的产权证明；④依照规定签订土地使用权出让合同，向当地市、县人民政府补交土地使用权出让金或者以转让、出租、抵押所获效益抵交土地使用权出让金。

划拨土地使用权，除以上四点规定的情况外，不得转让、出租、抵押。

无偿取得划拨土地使用权的土地使用者，因迁移、解散、撤销、破产或者其他原因而停止使用土地的，市、县人民政府应当无偿收回其划拨土地使用权，并可依照规定予以出让。

对于划拨土地使用权，市、县人民政府根据城市建设发展需要和城市规划的要求，可以无偿收回，并可依照规定予以出让。无偿收回划拨土地使用权时，对其地上建筑物、其他附着物，市、县人民政府应当根据实际情况给予适当补偿。

依照规定收取的土地使用权出让金列入财政预算，作为专项基金管理，主要用于城市建设和土地开发。具体使用管理办法，由财政部另行制订。

依照规定以划拨方式取得土地使用权的，除法律、行政法规另有规定外，没有使用期限的限制。

划拨方式供应建设用地。下列建设用地的土地使用权，确属必需的，可以由县级以上人民政府依法批准划拨：①国家机关用地和军事用地；②城市基础设施用地和公益事业用地；③国家重点扶持的能源、交通、水利等项目用地；④法律、行政法规规定的其他用地。

有偿使用方式供地。国家依法实行国有土地有偿使用制度。但是，国家在法律规定的范围内划拨国有土地使用权的除外。

除划拨方式供应建设用地以外的所有建设项目，要按有偿方式提供土地。有偿使用的形式包括：国有土地使用权出让、转让、出租和作价出资或入股。

土地使用权出租是指土地使用者作为出租人将土地使用权随同地上建筑物、其他附着物租赁给承租人使用，由承租人向出租人支付租金的行为。

国有土地使用权作价出资或者入股，是国有企业划拨土地使用权进行有偿使用的方式之一，指国家以一定期限的国有土地使用权作价，作为出资或者入股投入企业，由企业持有该土地使用权，并可依法转让、出租、抵押。国有土地使用权作价出资或者入股形成的国家股权，依法由国有股权持股单位统一持有。

新增建设用地土地有偿使用费（以下简称土地有偿使用费）是指国务院或省级人民政府在批准农用地转用、征用土地时，向取得出让等有偿使用方式的新增建设用地的县、市人民政府收取的平均土地纯收益。

土地有偿使用费在国务院和省级人民政府土地行政主管部门办理新增建设用地手续前缴纳，具体缴纳环节为：农用地转用、征用土地属于同级审批的，土地有偿使用费在批准农用地转用前缴纳；农用地转用、征用土地属于不同级审批的，土地有偿使用费在批准征用土地前缴纳；只需办理农用地转用审批的国有农用地转为建设用地的，土地有偿使用费在批准农用地转用前缴纳；只需办理征用土地审批的农民集体所有的土地转为建设用地的，土地有偿使用费在批准征用土地前缴纳；依据土地利用总体规划将国有未利用土地转为建设用地的，土地有偿使用费在批准转用前缴纳。

上缴中央财政的土地有偿使用费作为中央财政基金预算收入，上缴地方财政的土地有偿使用费作为地方财政基金预算收入，均专项用于耕地开发，不得平衡财政预算，结余结转使用。

土地有偿使用费专项用于耕地开发项目支出、耕地信息与监督系统建设支出，以及与土地有偿使用费使用有关的其他支出。

耕地开发项目是指中央确定的耕地开发整理重点项目、经中央批准的耕地开发整理示范项目及补助地方的耕地开发整理项目。耕地开发项目实行全成本核算。成本开支范围为组织、实施和管理耕地开发项目所发生的各项成本、费用支出，包括前期工作费、工程施工费、竣工验收费、必要设备的购置费、必要的管理费及不可预见费等。耕地开发项目预算编制及资金管理的具体实施办法由财政部和国土资源部另行制订。

耕地信息与监督系统建设支出是指用于土地利用信息动态监测系统建立及运行等方面的支出，包括设备购置和维护费、网络运行费、数据处理费、信息系统软件开发费等。

新增建设用地土地核查、耕地开发项目审核论证、土地有偿使用费等级标准与土地开发整理预算定额的修订等与土地有偿使用费使用有关的费用，由国土资源部根据实际需要编制资金使用预算，报财政部审定后，从土地有偿使用费中列支。

依法使用集体土地。可以使用集体土地的建设项目包括：农民个人建房，但在两处建住宅是禁止的；乡（镇）村公共设施、公益事业建设；乡（镇）企业。

三、土地市场管理

（一）土地市场的结构

在中国，地方政府专营农村土地的购买和向房地产商的供给，形成了一个双面垄断的格局。房地产市场虽然是一个垄断竞争市场，但由于房屋和土地作为商品具有极大的差异性、稀缺性、不可移动性、可储存性等特性，在局部地域和一定时段内又可以形成垄断市场，购买者选择余地很小。因此，最终购房者面临了土地和住房两重垄断。同样由于土地的特性，地方政府的土地管理中心控制土地供应数量和频率，从而可以在一定地域和一定时段内造成土地供给的孤品效应，向开发商采取拍卖的方式供应土地。这样，双面垄断、双重垄断和土地拍卖导致土地价格被四次垫高，进而导致房价居高不下。

双面垄断是指在中国只有地方政府才具有向农民买土地的权利，在这个市场上形成了买方垄断；与此同时，房地产商只能向地方政府购买土地，在这个市场上形成了卖方垄断。所以，地方政府的土地管理中心具有双面垄断性。

双重垄断是指在中国消费者在买房时不仅面对房地产商对房屋市场的垄断，还要面对地方政府土地管理中心对土地市场的垄断。

在中国，地方政府的土地管理中心将土地出售给房地产商必须通过公开竞价而定价的方式买卖土地使用权，即土地拍卖这道法定程序。但土地这种商品不同于一般的商品，例如，农产品时间过久了容易变质贬值，土地的保质期非常长，而且保值增值性强。基于以上因素，地方政府的土地管理中心可以在本期出售部分的土地，将剩余的土地留在下期出售，这就相当于减少了土地当期的供应量，使正在出售的土地在特定的时间段、特定的空间地域内产生孤品效应。

（二）土地市场的管理手段

土地利用规划是政府控制土地供给量，协调供求关系，调节和稳定土地价格的重要手段；也是确定合理用地结构，优化土地配置的基础性工作，土地利用规划对土地市场具有宏观调控作用。

土地利用总体规划按照下列原则编制：严格保护基本农田，控制非农业建设占用农用地；提高土地利用率；统筹安排各类、各区域用地；保护和改善生态环境，保障土地的可持续利用；占用耕地与开发复垦耕地相平衡。

下列建设项目需要占用土地利用总体规划确定的国有未利用地作为建设用地的，需报国务院批准：①国家重点建设项目；②军事设施；③跨省、自治区、直辖市行政区域的建设项目；④国务院规定的其他建设项目。

加强土地利用计划管理。农用地转用的年度计划实行指令性管理，跨年度结转使用计划指标必须严格规范。改进农用地转用年度计划下达和考核办法，对国家批准的能源、交通、水利、矿山、军事设施等重点建设项目用地和城、镇、村的建设用地实行分类下达，并按照定额指标、利用效益等分别考核。

年度计划（包括国有土地使用权出让计划和房地产开发用地计划）的实施是把握土地入市环节，调控土地市场的有效手段。土地使用权出让的计划，按现行土地利用计划编制程序进行。

土地用途管制是市场经济国家广泛采用的土地利用管理制度和地籍管理手段。地籍管理是土地市场调控的一项重要措施。其主要任务是对土地权属的变更加以管理，监控土地数量、质量和产权的更动趋势。土地权属登记是地籍管理的核心内容。

加强建设项目用地预审管理。凡不符合土地利用总体规划、没有农用地转用计划指标的建设项目，不得通过项目用地预审。发展改革等部门要通过适当方式告知项目单位开展前期工作，项目单位提出用地预审申请后，国土资源部门要依法对建设项目用地进行审查。项目建设单位向发展改革等部门申报核准或审批建设项目时，必须附国土资源部门预审意见；没有预审意见或预审未通过的，不得核准或批准建设项目。

建设项目用地实行分级预审。需人民政府或有批准权的人民政府发展和改革等部门审批的建设项目，由该人民政府的国土资源管理部门预审。需核准和备案的建设项目，由与核准、备案机关同级的国土资源管理部门预审。需审批的建设项目在可行性研究阶段，由建设用地单位提出预审申请。需核准的建设项目在项目申请报告核准前，由建设单位提出用地预审申请。需备案的建设项目在办理备案手续后，由建设单位提出用地预审申请。

应当由国土资源部预审的建设项目，国土资源部委托项目所在地的省级国土资源管理部门受理，但建设项目占用规划确定的城市建设用地范围内土地的，委托市级国土资源管理部门受理。受理后，提出初审意见，转报国土资源部。

涉密军事项目和国务院批准的特殊建设项目用地，建设用地单位可直接向国土资源部提出预审申请。

应当由国土资源部负责预审的输电线塔基、钻探井位、通信基站等小面积零星分散的建设项目用地预审文件有效期为两年，自批准之日起计算。已经预审的项目，如需对土地用途、建设项目选址等进行重大调整的，应当重新申请预审。

未经预审或者预审未通过的，不得批复可行性研究报告、核准项目申请报告；不得批准农用地转用、土地征收，不得办理供地手续。预审审查的相关内容在建设用地报批时，未发生重大变化的，不再重复审查。用地，由省级国土资源管理部门预审，并报国土资源部备案。

制订和实施新的土地使用标准。依照国家产业政策，国土资源部门对淘汰类、限制类项目分别实行禁止和限制用地，并会同有关部门制订工程项目建设用地定额标准，省、自治区、直辖市人民政府可以根据实际情况制订具体实施办法。继续停止高档别墅类房地产、高尔夫球场等用地的审批。

土地价格作为土地市场运作过程中最重要的经济杠杆，在土地市场管理中占据极其重要的地位，因此，土地市场价格的宏观调控是土地市场管理的核心内容。对土地市场价格进行调控的主要目的是，保证土地市场价格的基本稳定和市场交易平稳发展，防止地价极高极低或忽高忽低，避免土地资产流失和土地利用的不合理。

税收手段通过规定不同的税种、税目和税率等，来调节经济利益和经济行为。例如，从土地出让收益中按比例计提教育资金，进一步调整土地出让收益的使用方向。从 2011 年 1 月 1 日起，各地区要从当年以招标、拍卖、挂牌或者协议方式出让国家土地使用权取得的土地出让收入中，按照扣除征地和拆迁补偿、土地开发等支出后余额 10% 的比例，计提教育资金。具体办法由财政部会同有关部门制订。

占用耕地建房或者从事非农业建设的单位或者个人，为耕地占用税的纳税人，应当依照本条例规定缴纳耕地占用税。单位，包括国有企业、集体企业、私营企业、股份制企业、外商投资企业、外国企业及其他企业和事业单位、社会团体、国家机关、部队及其他单位。个人，包括个体工商户及其他个人。

耕地占用税以纳税人实际占用的耕地面积为计税依据，按照规定的适用税额一次性征收。

下列情形免征耕地占用税：①军事设施占用耕地；②学校、幼儿园、养老院、医院占用耕地。

耕地占用税由地方税务机关负责征收。

土地管理部门在通知单位或者个人办理占用耕地手续时，应当同时通知耕地所在地同级地方税务机关。获准占用耕地的单位或者个人应当在收到土地管理部门的通知之日起30日内缴纳耕地占用税。土地管理部门凭耕地占用税完税凭证或者免税凭证和其他有关文件发放建设用地批准书。

实践证明，通过土地立法和执法手段，对土地市场的运行进行控制、指导、规范和监督，是加强市场管理的最有效手段之一。

严格依法查处违反土地管理法律法规的行为。当前要着重解决有法不依、执法不严、违法不究和滥用行政权力侵犯农民合法权益的问题。要加大土地管理执法力度，严肃查处非法批地、占地等违法案件。建立国土资源与监察等部门联合办案和案件移送制度，既查处土地违法行为，又查处违法责任人。典型案件，要公开处理。对非法批准占用土地、征收土地和非法低价出让国有土地使用权的国家机关工作人员，依照监察部、国土资源部《关于违反土地管理规定行为行政处分暂行办法》给予行政处分；构成犯罪的，依照《中华人民共和国刑法》、《中华人民共和国土地管理法》、《最高人民法院关于审理破坏土地资源刑事案件具体应用法律若干问题的解释》和《最高人民检察院关于渎职侵权犯罪案件立案标准的规定》，追究刑事责任。对非法批准征收、使用土地，给当事人造成损失的，还必须依法承担赔偿责任。

（三）土地市场的中介服务

土地市场中介服务机构是指从事用地咨询、土地使用权交易经纪、地价评估等项业务活动的公司和组织。土地市场中介机构包括用地咨询机构、土地使用权交易经纪机构和土地估价机构等。

用地咨询机构是指从事土地征用、土地开发、转让、抵押、租赁策划和政策指导等业务的公司和组织。这种机构的作用在于帮助投资者或用地者设计投资方案或用地方案，节省投资，增加产出。

土地估价机构是指从事土地价格评估业务的公司和组织。这种机构的作用在于帮助土地市场中的交易各方了解交易土地使用权的可能价格，并根据评估结果作出交易决策。

土地交易经纪机构是指从事为土地使用权交易提供信息、洽谈场所、帮助交易双方签订交易合同，办理有关手续等项业务的公司和组织。这种机构的作用在于帮助市场交易各方及时了解市场行情和对方情况，促进市场交易的顺利完成。

从事土地及房产中介业务，应当设立相应的房地产中介服务机构，它是具有独立法人资格的组织。政府土地和房屋行政管理机构负责对房地产中介服务企业的资质管理。

我国法律规定，土地及房地产中介服务人员承办业务，由其所在中介机构统一受理并与招聘人签订书面中介服务合同，中介服务费用由土地及房地产中介服务机构统一收取，依法纳税。土地及房地产中介服务机构开展业务应当建立业务记录，设立业务台账。

建立起较完善的土地市场中介服务和相应的机构是发展土地市场的客观要求。

第二节　模拟房地产企业参与土地招拍挂实习

一、实习目的与要求

1. 实习目的

（1）加深对土地"招拍挂"的基本概念的理解与认识，了解土地"招拍挂"的特点和适用类型。

（2）熟悉土地"招拍挂"的基本流程。

（3）掌握地价测算的基本方法与技能。

2. 实习要求

（1）收集实习区域近期内土地招拍挂的相关信息。

（2）选择某一地块，模拟房地产企业开展地块的招拍挂竞价。

（3）测算竞价地块的地价。

（4）填写竞价地块所需的相关表格。

二、实习准备工作

1. 收集竞价地块相关信息

以天河区华美牛奶厂为例，见表6.1。

表 6.1　天河区华美牛奶厂挂牌出让信息

宗地编号	宗地坐落	土地用途	宗地面积（m²）	容积率（含地下）	计算容积率建筑面积（含地下，m²）	挂牌起始价（万元）	增价幅度（万元）	竞买保证金（万元） 人民币	美元
1	天河区黄云路华美牛奶厂AT1003039地块	二类居住用地（R2）	113286.6(可建设用地62679)	≤2.1	≤131626	157952	1000	32000	5300
2	天河区黄云路华美牛奶厂AT1003040、AT1003041地块	二类居住用地（R2）、中小学用地（A33）	150268.2(可建设用地75755，其中居住用地59887；中小学用地15868)	居住用地≤2.1；中小学用地≤0.8	≤138449，其中居住用地≤125763；中小学用地≤12686)	150916	1000	31000	5100
3	天河区黄云路华美牛奶厂AT1004009地块	二类居住用地（R2）	65016.9(可建设用地44869)	≤3.0	≤134607	161529	1000	33000	5400
4	天河区黄云路华美牛奶厂AT1004010地块	二类居住用地（R2）	35348.3(可建设用地25876)	≤3.0	≤77628	93154	1000	19000	3100

续表

宗地编号	宗地坐落	土地用途	宗地面积（m²）	容积率（含地下）	计算容积率建筑面积（含地下，m²）	挂牌起始价（万元）	增价幅度（万元）	竞买保证金（万元）	
								人民币	美元
5	天河区黄云路华美牛奶厂AT1004015地块	二类居住用地（R2）	35647.9（可建设用地30359）	≤3.0	≤91077	109293	1000	22000	3600
6	天河区黄云路华美牛奶厂AT1004026、AT1004004地块	二类居住用地（R2）、中小学用地（A33）	72300.9（可建设用地53156，其中居住用地37291；中小学用地15865）	居住用地≤3.0；中小学用地≤0.8	≤124565（其中居住用地≤111873；中小学用地≤12692）	134248	1000	27000	4400
7	天河区黄云路华美牛奶厂AT1008045地块	商业设施用地（B1）	13938.6（可建设用地9986）	≤2.5	≤24965	19972	200	4000	700
8	天河区黄云路华美牛奶厂AT1008046地块	居住兼容商业用地（R2/B1）	54120.6（可建设用地27001）	≤3.0	≤81003	81003	1000	17000	2800

2. 学习地价测算的方法

地价指数=报告期地价÷基期地价×100%。

地价指数小，则地价波动幅度小，社会经济稳定，地价指数大，则地价波动幅度大，经济发展可能过热。

3. 分析竞价地块的特点

竞价由起始价和增价幅度共同确定，不包括保证金。

联合竞得的地块不得分割。

地块出让成交后30日内，竞得人签订合作开发协议；若未能在30日内签订上述协议的，出让人有权组织地块重新出让。

国有土地使用权挂牌出让一般按照价高者得原则确定竞得人。

4. 收集竞价地块评价相关数据

竞价地块评价相关数据主要由土地面积、土地位置、出让年限（年）、容积率、建筑密度、绿地率、建筑限高、土地用途、起始价、增价幅度、保证金、土地移交等组成。

其中，居住份额用地70年，商业、旅游、娱乐份额用地40年，其他份额用地50年。

在土地交易完成后，保证金要退还给土地购买者。

三、实习内容与步骤

1. 申请和资格审查

申请和资格审查包括：①挂牌文件取得；②提交申请；③资格审查；④确认竞买人资格；⑤答疑。

2. 挂牌程序及规则

挂牌程序及规则为：①挂牌竞价；②挂牌截止签订；③签订《成交确认书》；④签订《土地出让合同》；⑤公示出让结果。

四、实习注意事项

（1）申请人须全面阅读有关挂牌文件，申请人提出书面申请，经受理确认后，即视为申请人对挂牌文件及地块现状无异议并全部接受，且对有关承诺承担法律责任。

（2）竞买报价单一，经提交不可撤回。

（3）确定竞得人后，竞得人在挂牌现场与交易中心签订《成交确认书》。委托他人代签的，应提交法定代表人亲笔签名并盖公章的授权委托书。《成交确认书》对挂牌人和竞得人具有法律效力，挂牌人改变挂牌结果的，或者竞得人放弃竞得宗地的，应当承担法律责任。

（4）竞得人领取《成交确认书》前，交易中心按"粤价〔2002〕36 号"[详见《土地使用权交易服务费标准（试行）表》]的标准收取交易服务费。

（5）竞买申请人交纳竞买保证金时，应当根据挂牌出让公告规定数额，选择其中一个币种交纳竞买保证金；填写竞买保证金进账单时，须在进账单备注栏写明"XXXX 地块竞买保证金"字样。

（6）竞得人交纳的人民币竞买保证金，在签订《成交确认书》后自动转为受让土地的定金，在签订《土地出让合同》后，于支付土地出让金时可抵作土地出让价款；外币竞买保证金则须在受让人缴清地价款后，按外汇管理的有关规定退还或作其他方式处理。其他竞买人在该地块的交易结果公示后到交易中心办理退还竞买保证金的手续，自交易中心受理之日起 5 个工作日内退还，利息在结息日按规定退还。

（7）有下列情形之一的，出让人应当在挂牌开始前终止挂牌活动，并通知竞买人：竞买人串通损害国家利益、社会利益或他人合法权益的；挂牌工作人员私下接触竞买人，足以影响挂牌公正性的；应当依法终止挂牌活动的其他情形。

（8）竞得人有下列行为之一的，视为违约，当地国土管理部门可取消其竞得人资格，竞买保证金或定金不予退还：竞得人逾期或拒绝签订《成交确认书》的；竞得人逾期或拒绝签订《土地出让合同》的；签订《土地出让合同》后不按时缴清土地出让金、契税的；竞买申请人提供虚假文件或隐瞒事实的；竞得人采取行贿、恶意串通等非法手段竞得的。

（9）挂牌成交价即为该幅地块的总地价款，受让人须按《土地出让合同》的规定缴交土地出让金和契税。

（10）受让人付清土地出让金和契税后，持有当地国土管理部门核发的付清土地出让金凭证，按《土地出让合同》的规定，办理土地使用权登记手续，领取《国有土地使用证》。

（11）挂牌不成交的，应当按规定由规划和国土资源管理局重新组织出让。当发生竞得人被取消竞得资格情形的，规划和国土资源管理局可另定受让人或另行组织出让，被取消竞得资格的竞得人不得再次参与竞买。若规划和国土资源管理局另定受让人或另行组织重新出让的成交价格低于原出让成交价格的，规划和国土资源管理局有权按实际差额向原竞得人进行追偿。

（12）若有需要对挂牌文件作出重大修改、补充时（如土地面积、土地用途、容积率等），发布补充公告时间距挂牌活动开始时间少于 20 日的，挂牌活动相应顺延。补充公告与原挂牌文件具有同等法律效力，若与原挂牌文件有矛盾时，以日期在后者为准。

第七章 房地产市场调研

第一节 基本理论

一、房地产市场调研的定义和分类

（一）定义

房地产市场调研是以房地产为特定的商品对象,对相关的市场信息进行系统地收集、整理、记录和分析,进而对房地产市场进行研究与预测。房地产市场调研通常包括市场需求调研、市场竞争调研和专题调研。

（二）分类

1. 探测性调查

探测性调查又称非正式调查。其帮助找出问题的症结所在,然后作进一步研究,以明确调查对象,确定调查重点,选择调查方法,寻找调查时机。回答的是"可以做什么"的问题。

2. 描述性调查

描述性调查指对确定的问题通过收集资料,做更深入、更全面的分析,确认问题真相,并对问题的性质、形式、存在、变化等具体情况做出现象性和本质性的描述。回答的是"是什么"的问题。

3. 因果性调查

因果性调查对导致研究对象存在或变化的内在原因和外部因素的相互联系和制约关系做出说明,并对诸因素之间因果关系、主从关系、自变量与因变量的关系进行定量与定性的分析,指出调查对象产生的原因及其形成的结果。回答的是"为什么"的问题。

4. 预测性调查

预测性调查是在调查研究的基础上,对市场的发展趋势及其未来变迁形态、变迁原因、变迁时间进行估算、预测。回答的是"将来怎么样"的问题。

二、房地产市场调研内容

（一）房地产市场需求调研

房地产市场需求既可以是特定房地产市场需求的总和,也可以专指对某一房地产产品的需求数量。房地产市场需求调查主要包括以下方面。

1. **房地产消费者调查**

房地产消费者调查主要是调查房地产消费者的数量及其构成。主要包括：消费者对某类房地产的总需求量及其饱和点、房地产市场需求发展趋势；调查房地产现实与潜在消费者的数量与结构，如地区、年龄、民族特征、性别、文化背景、职业、宗教信仰等；消费者的经济来源和经济收入水平；消费者的实际支付能力；消费者对房地产的产品质量、价格、服务等方面的要求和意见等。

2. **房地产消费动机调查**

房地产消费动机是为满足一定的需要而产生的购买房地产产品的愿望和意念。房地产消费动机是激励房地产消费者产生房地产消费行为的内在原因。房地产消费动机调查的内容主要包括消费者的消费意向、影响消费的动机、消费动机的类型等。

3. **房地产消费行为调查**

房地产消费行为是房地产消费者在房地产实际消费过程中的具体表现。对房地产消费行为的调查主要包括：消费者购买房地产商品的数量及种类；消费者对房屋设计、价格、质量及位置的要求；消费者对本企业房地产商品的信赖程度和印象；房地产商品购买行为的主要决策者和影响者的情况等。

上述调查要解决的问题可归纳为 7 个"W"，即买家是谁（Who）？——购买者（Occupant）；买什么（What）？——购买对象（Object）；为什么买（Why）？——购买目的（Objection）；谁参与购买（Whom）？——购买组织（Organization）；什么时候买（When）？——购买时机（Occasion）；在哪里买（Where）？——购买地点（Outlet）；如何购买（How）？——购买行为（Operation）。

（二）房地产市场竞争调研

1. **竞争楼盘的确定**

对房地产项目而言，其市场竞争者可以从两个方面界定：一是与所在项目处于同一区域的楼盘；二是不同区域但定位相似的楼盘。同时，在界定竞争楼盘时也要从时间维度来考虑，将同期或不同期的竞争性房地产纳入其中。

2. **竞争楼盘调查的内容**

采用对比分析，评价竞争楼盘的优势与劣势。构成竞争关系的楼盘可围绕财务特征、建筑特征、地点特征、区位特征四个板块展开分析。

1）财务特征

财务特征包含的具体因素有：租金、价格（单价、总价、付款方式）、与支付有关的财务优惠措施（如折扣、分期、首付）、其他费用（停车费、水电费等）。

2）建筑特征

建筑特征包含的具体因素有：建筑物房龄、面积、结构、户型、特殊设施、建筑特征和设计特征等。

3）地点特征

地点特征包含的具体因素有：休闲设施（如游泳池、网球场、健身中心和设施、俱乐部）、风景优美度、停车设施质量等。

4）区位特征

区位特征包含的具体因素有：①与就业中心的接近程度；②与商业中心的接近程度；③与娱乐文化设施的接近程度；④与主要干道和交通枢纽的接近程度；⑤与停车场和空旷地的接近程度；⑥与学校的接近程度及学校质量；⑦与医院的接近程度及医院质量。

房地产市场竞争越来越趋向于全面竞争，因此，竞争分析除了上述一般性的对比分析框架外，还可增加销售领域和物业管理方面的调查内容，如广告（售楼部、媒体、广告投入强度、诉求点等）、销售情况（销售率、销售顺序、客户群等）、物业管理（管理内容、管理情况、管理费及管理公司等）。

（三）房地产市场专题调研

对房地产市场具有影响力的外部条件很多，针对这些外部条件开展的调研活动就是房地产市场专题调研。包括房地产政策调研、人口与社会调研、产业与经济发展调研等。

三、房地产市场调研方法

（一）调研计划

按照表 7.1 所列项目逐项制订房地产市场调研计划。

表 7.1　房地产市场调研计划表

项目	内容
调查目的	为何要做此调查，需要了解些什么
调查方法	采用询问法、观察法或实验法等
调查区域	被调查者居住地区、居住范围等
调查对象、样本	对象的选定、样本规模等
调查时间、地点	调查所需时间、开始日期、完成日期、地址等
调查项目	访问项目、问卷项目（附问卷表）、分类项目等
分析方法	统计的项目、分析和预测方法等
提交调查报告	报告书的形式、份数、内容等
调查进度表	策划、实施、统计、分析、提交报告书等
调查费用	各项开支数目、总开支额等
调查人员	策划人员、调查人员、负责人姓名和资历等

（二）房地产市场调查问卷设计

1. 问卷设计的过程

（1）说明所需信息。

（2）确定访问方法类型（面谈、电话访谈和自填式问卷）。

（3）确定单个问题（必要性，一个或数个问题）。

（4）设计问题（信息相关，记忆清晰，确切回答）。

（5）决定问题结构（非结构化、结构化问题）。

（6）确定问题的措辞。

（7）顺序安排。

（8）问卷页面和形式与布局。

（9）复制问卷。

（10）试调查后作出调整。

2. 问卷的提问形式

1）封闭式提问

封闭式提问是指事先已设计出了问题的各种可能的答案，被调查对象只要或只能从中选择一个或几个现成答案的提问方式。这种提问方式便于统计，但回答的伸缩性较小。

（1）二项选择。提出一个问题，仅有两个答案可供选择。

例：请问您是否打算在近年内购房？

　　A. 是（　　　）　　　　B. 否（　　　）

（2）多项选择法。提出一个问题，给出两个以上的答案，被调查对象可从中任选一项或几项作为回答。

例：请问您打算购买的住宅类型是什么？（单选）

　　A. 多层住宅（6层或以下），没有电梯（　　　）

　　B. 多层住宅（6层或以下），有电梯（　　　）

　　C. 小高层住宅（8～10层）（　　　）

　　D. 高层住宅（超过10层）（　　　）

（3）程度评定法。对提出的问题，给出程度不同的答案，被调查对象从中选择同意的一个做出回答。

例：在购买商品房时，您认为品牌的重要性如何？

　　A. 很重要（　　　）　　B. 较重要（　　　）　　C. 一般（　　　）

　　D. 不太重要（　　　）　　E. 很不重要（　　　）

2）开放式提问

开放式提问是指对所提出的问题，回答没有限制，被调查对象可以根据自己的情况自由回答。此种提问方式，答案不唯一，不易统计，不易分析。

（1）自由式。被调查对象可以不受任何限制回答问题。

例：请给出给您印象最深刻的一个房地产广告（　　　　　　）。

（2）语句完成式。不完整的句子，由被调查对象完成该句子。

例：如果您欲购房，您购房的主要理由是＿＿＿＿＿＿。

（3）顺问式。调查对象根据自己的态度来评定问题的顺序。

例：购房时您所看中的因素依次为（请根据您认为的重要程度分别标上序号）。

　　A. 地段（　　　）　　B. 价格（　　　）　　C. 配套（　　　）

　　D. 环境（　　　）　　E. 设计（　　　）　　F. 服务（　　　）

　　G. 品牌（　　　）　　H. 其他：＿＿＿＿＿＿

（4）字眼联想式。调查人员列出一些词汇，每次一个，由调查对象说出或写出他所联想到的第一个词。

例：当您听到以下词句时，首先会想到什么？

A. 丽江花园（　　）　B. 祈福新村（　　）　C. 碧桂园（　　）

（5）过滤法，又称"漏斗法"，是指最初提出的问题较为广泛，离主题较远，再根据调查者回答的情况逐渐缩小提问范围，最后有目的地引向要调查的某个专题性问题。

例：您近年内打算购房吗？

A. 是（　　）　　　　B. 否（　　）

如果是，您打算购买住宅的建筑面积为＿＿＿＿＿

3. 问卷设计中应注意的几个原则

（1）避免使用术语和缩略语。

例：你是否认为现在房地产开发企业的 DCR 普遍过低？

（2）避免用不确切的词或指代不清的词。

例：你最近是否打算购买新房子？

你在哪里出生？

（3）避免带有偏见的提问。

例：你是否认为开发商应该降低高昂的房价？

（4）避免双向问题。

例：你是否打算明年卖掉现在居住的房子，再购买一个房子呢？

（5）避免带有导向性的问题。

例：很多专家都认为上海的房价超出了正常水平，你同意吗？

（6）避免提出超越被调查者回答能力的问题。

例：你家去年在买菜上一共花了多少钱？

（7）避免使用双重否定的问题。

例：物业管理维修基金的使用不需要获得业主大会的同意，你同意吗？

A. 同意　　　　　　　B.不同意

（8）避免不平衡或重复的问答范畴。

例：你认为房地产投资分析教师的授课水平如何？

A. 非常出色　　　　B. 很好　　　　C. 令我满意　　　　D. 一般

（三）房产市场调查样本的选取

样本的选取是市场调查的关键环节，主要包括以下内容。

1. 确定样本总体

对应于每个调研分析任务都有一个明确的研究对象，如人群、家庭、企业或与房地产相关的总体。在确定总体时应遵循完备性原则，避免出现范围误差。也就是说确定的样本总体不存在遗漏的情况。例如，调查分析某购物中心的商圈特征，总体应指向商圈内的所有居住的家庭，如果仅将经常光顾该购物中心的家庭作为调研总体，势必将潜在光顾该购物中心的家庭排除在外，出现总体的不完备。

2. 确定抽样方法

抽样方法分为随机抽样和非随机抽样。二者的区别在于：随机抽样可保证总体中每个个体被选中的概率相等。而在非随机抽样中，每个个体被选中的概率并不相等。其中，随机抽样又分为简单随机抽样、分层随机抽样、分群随机抽样。非随机抽样分为任意抽样、判断抽样和配额抽样。

（1）简单随机抽样，使用随机选择的方法，保证总体中的每一个成员被选中的机会都相同。

（2）分层随机抽样，即对整体按某种特征（如年龄、收入、职业等）分组（分层），然后从各组（层）中随机抽取一定数量的样本。样本特征表现为层内的个体差异小，层间个体差异大。

（3）分群随机抽样，即将总体按一定特征分成若干群体，随机抽取其中一部分作为样本。样本特征表现为群内的个体差异大，而群间的个体差异小。

（4）任意抽样，又称偶遇抽样，即市场调查人员根据最方便的时间、地点，在调研对象范围内任意选择一定数量的样本进行调查，这种抽样方法的缺点是回访困难。

（5）判断抽样，又称目的抽样，是市场调查人员根据自己的主观意愿、经验和知识，从总体中选择具有典型代表性样本作为调查对象的一种抽样方法。

（6）配额抽样。首先对总体中所有个体按其属性、特征分为若干类型，然后按各个控制特征分配样本数额。在每个类（组）中用任意抽样或判断抽样方法选取样本单位。

3. 确定样本规模

1）经验确定法

根据统计学原理，从总体中选取样本，根据样本的特征可推测出总体的特征。而要选取多少样本量才合适呢？有关研究表明，总体小于 1000 时，抽样比例不应小于 30%；当总体达到 10000 时，10%样本已经足够；总体达到 150000 时，1%已经足够；当总体为 1000 万及以上时，样本的增加实际上不产生作用。除非特别要求，样本数量一般无需超过 2500。

2）统计学方法

在统计推断基础上，确定样本规模是通过构建围绕样本均值或比例的置信区间来实现的。这种方法的步骤如下。

（1）指定精确度 D，这是样本均值和总体均值之间的最大允许差异，可以用绝对数表示，也可以用比例表示。

（2）指定置信度 P。

（3）通过正态分布表确定与置信度相对应的 Z 值。

（4）确定总体的标准差。有多种途径来获知总体的标准差：一是基于经验判断进行估计；二是从间接来源或执行一个初步研究来加以估计；三是在样本为正态分布的假设下，通过对分布全距除以 6 而估计出标准差 σ。

（5）用均值标准误来确定样本量 n。

$$n = \frac{\sigma^2 z^2}{D^2}$$

或用比例标准误来确定样本量

$$n = \frac{\pi\ (1-\pi)\ z^2}{D^2}$$

（6）如果结果产生的样本量相当于总体量的 10% 以上，样本量则作如下调整

$$n_k = \frac{n \cdot N}{N + n - 1}$$

（7）如果总体标准差 σ 未知而使用了一个估计值 σ_1，则一旦样本被抽出 n_1，就应该对其重新估计。用样本标准差作为总体标准差的估计值，然后计算一个修正的置信区间以确定实际所获得的精确度。

$$\mu = X_1 \pm z \cdot \frac{\sigma_1}{\sqrt{n_1}}$$

式中，X_1 为样本均值。

（8）如果精确度是用相对而非绝对的语言定义的，例如，精确度表述为估计值在均值 $\pm R$ 个百分点范围内，用符号表示就是 $D = R\mu$

样本量可以通过下式确定

$$n = \frac{\sigma^2 z^2}{D^2} = \frac{C^2 z^2}{R^2}$$

式中，变化系数 $C = \dfrac{\sigma}{\mu}$。

3）样本量的调整

用统计学方法确定的样本量是一个在保证一定的精度和置信度对参数做出估计而必须达到的最终样本量。但是在实际调查中，存在发生率和完成率小于 100% 的情况，实际的样本量要比由统计学方法得到的样本量要大。所以，要根据发生率和完成率对最终样本量进行调整得到一个最初样本量。

最初样本量=最终样本量/（发生率·完成率）

发生率指的是符合参加研究条件的人的百分比。例如，一项购房需求调研对象确定为 25～50 岁人群，如果附加要求"有固定收入来源"，可能只有 80% 的人满足这一条件，如果再附加要求"在近两年内有购房计划"，那么可能只有 40% 的人满足这一条件。因此，满足所有条件的发生率为 0.8·0.4=0.32。所以，最初的样本量将会在最终样本量基础上乘以（1/0.32）。

确定样本时还必须考虑完成率的问题。影响完成率的因子就是影响样本有效性的因子，例如，符合条件的调查对象有可能会拒绝回答或虚假回答，从而使调查无效。

4. 样本的信度和效度

信度是指估计结果的可重复性。如果对同一总体使用两种以上方法估计的结果接近，说明估计值可信。或者从相同的总体中提取两个或多个样本，不同样本的分析结果接近，

也可认为抽样可靠。在统计学中，信度用信度系数表示，是用同一被试样本所得的两组资料的相关系数作为测量一致性的指标。通常，当信度系数在 0.8 以上时，就可以认为调查是基本可信的。

效度是指调查结果说明调查所要说明问题的有效程度。对于效度的评价，通常有经验评价法（专家评价）、逻辑评价法（调查结果逻辑分析无误即认为效度较高）、校标比较法（与权威性基准比较）等。

第二节 房地产市场调研实习方案

一、实习方案一——某市写字楼的行业需求偏好调查

（一）实习目的与要求

1. 实习目的

（1）了解房地产市场需求调研的基本流程。

（2）写字楼市场需求偏好调查样本的选择。

（3）掌握问卷设计要点。

（4）具有现场调查的执行力。

（5）具有问卷调查数据处理和分析能力。

2. 实习要求

（1）制订合理、可执行的调研计划。

（2）根据调研目的设计调查问卷。

（3）选择一定的样本量开展问卷调查。

（4）根据调查目的，开展数据分析，完成调研报告。

（二）实习规程指引

1. 实习内容

开展某市写字楼需求偏好的市场调查。

2. 收集基础数据

（1）查询某市写字楼的相关信息资料，包括写字楼的建筑本体的属性信息和空间位置信息。

（2）查阅写字楼的分类及其划分标准。结合写字楼分类标准对某市写字楼进行类型划分，在不同类型的写字楼中筛选样本。

（3）查阅国民经济行业分类标准，查阅统计年鉴了解某市产业发展规模和构成。对构成本市写字楼需求的现有行业和潜在行业开展调查。

3. 制订调研计划与问卷设计

（1）小组讨论完成写字楼需求调研计划，重点是问卷设计、样本规模、抽样方法和现场实施策略。

（2）小组讨论完成写字楼需求调查问卷。

4. 现场调查

（1）补充和完善样本写字楼的基本信息，如租户信息、环境信息等。

（2）针对样本租户开展问卷调查（分组实施）。

5. 问卷调查数据整理和分析

（1）问卷的信度和效度检验。

（2）运用问卷调查数据，开展专题讨论：不同行业对写字楼的需求偏好是否存在差异。

二、实习方案二——竞争者调研实习方案

（一）实习目的与要求

1. 实习目的

（1）掌握踩盘的基本工作方法。

（2）通过实施踩盘计划，实时获取市场竞争信息。

（3）解读踩盘获取的信息。

2. 实习要求

（1）踩盘的目标楼盘不少于 5 个。

（2）能根据实际情况，选择适当的踩盘方式（明踩或暗踩）。

（3）从目标楼盘的各类信息载体获取有用信息（如楼书、宣传册、沙盘、预售许可证、广告视频、规划图、样板房、工程技术展示台、建筑材料展示台等）。

（二）实习规程指引

1. 实习内容

对某一类型的在售楼盘及其竞争楼盘开展市场调查和分析。

2. 准备工作

（1）竞争楼盘的选择。根据竞争楼盘的界定，确定踩盘的目标楼盘，查询前往目标楼盘的公交路线。

（2）准备必要的表格和设备。制订竞争楼盘对比表，明确竞争楼盘的对比点。根据调研需要准备相机和录音笔等设备。

3. 现场踩盘

（1）明踩，是在对方已知的情况下实施的楼盘信息现场采集活动。可利用问卷、访谈等方式对楼盘信息进行采集。

（2）暗踩，是在对方未知的情况下实施的楼盘信息现场采集活动。可借助楼盘现场的一切信息载体，通过观察、非正式的交谈等对楼盘信息进行采集。

4. 数据整理和解析

通过踩盘收集的楼盘信息，评价各楼盘的优势和劣势。

三、实习方案三——建材采购专题调研实习方案

（一）实习目的与要求

1. 实习目的
（1）了解建材的品质特征和市场价格。
（2）了解建材的跨区域物流运输情况。

2. 实习要求
（1）全面收集某类建材的商品信息。
（2）论证某类建材异地采购的可行性。
（3）分组对调查结果进行 PPT 汇报。

（二）实习规程指引

1. 实习内容
现场考察建材市场或与房地产相关的专业市场。

2. 实习步骤和注意事项
（1）选择参观实习的建材市场应满足两个条件：一是经营范围多样化，如涉及地砖、卫浴、装饰材料、五金配件等多种经营；二是兼具批发和零售业务。
（2）前往建材市场，分组选择某一类建材产品，全面收集该类产品的信息。
（3）主动找商家考察及访问。可参照表 7.2 中所示项目开展信息收集。
（4）各实习小组对任务进行分解，开展资料搜集。
（5）资料汇集和调查汇报应注意台上发表技巧和电脑发表技巧，以及整体合作的呈现。

表 7.2 某建材商品调查目录表

调查目录	具体内容
销售位置	销售地点商户数量，销售地点交通，销售地点周边配套
建材商品	特色、品质、耐用度、潮流度、顾客接受程度、目标客户
销售价格	A 城市批发价格（批发数量）、A 城市零售价格 B 城市批发价格（批发数量）、B 城市零售价格 A 城市到 B 城市的运输价格
宣传和促销	产品宣传方法、特别折扣、赠送礼品、免费物流配送等
总结	异地采购可行性，建议

第八章　房地产价格分析

第一节　房地产价格理论知识

一、基本概念

1. 市场价格

从房地产市场分析的角度，房地产价格指的是房地产市场价格，是指某区域的房地产在市场上的一般的、平均水平的价格，是该类房地产大量成交价格的一种概括。因为它是客观存在的，所以是统计学中常采用的原始数据之一。

2. 房地产均价

均价（average price）是所销售的商品房的平均价格。它反映了所销售商品房的价格水平，有标价的平均价格和成交价的平均价格。另外，均价还具有统计意义，但其意义比市场价格要小得多，主要是因为其范围要小。

3. 房地产单价

房地产单价指分摊到单位面积的价格，通常有三种形式：对于土地而言是单位地价，指单位土地面积的土地价格；对于建筑物而言是单位建筑物价格，指单位建筑面积上的建筑物价格；对于房地产整体而言是单位房地产价格，指单位建筑面积上的房地产价格。需要说明的是，不论以何种面积计算的房地产单位价格，都能反映房地产价格水平的高低。

4. 楼面地价

楼面地价又称单位建筑面积地价，指平均到每单位建筑面积上的土地价格，是一种特殊的土地单价，是房地产价格分析中常用的一个指标，其计算式为

$$楼面地价=土地总价/总建筑面积$$

$$楼面地价=土地单价/容积率$$

其中，容积率=总建筑面积/土地总面积。

二、房地产价格的影响因素

房地产价格是房地产市场的综合反应。影响房地产价格的因素很复杂，总体上可分为一般因素、区域因素和个别因素三类。

（一）一般因素

一般因素是指影响一定区域范围内所有房地产价格的一般的、普遍的、共同的

因素。这些因素通常会对较广泛地区范围内的各宗房地产的价格产生全局性的影响。主要有以下几种。

1. 经济因素

从宏观层面看，国民生产总值及其增长速度、居民收入和消费水平等经济因素都会对房地产价格的形成产生影响。从供给方面来看，国民生产总值总量增加，用于生产性、投资性或消费性等方面的房地产支出增加，从需求方面看，居民收入水平的提高会提升人们对居住、商业房地产的消费水平，在一定的宏观经济背景下，供需状况决定了房地产价格。

从房地产市场本身看，利率是影响房地产价格的重要经济因素之一。从供给角度看，利率升降会增加或减少房地产开发的投资成本，从而使房地产价格上升或下降。从房地产需求的角度来看，由于现在购买房地产普遍采取贷款方式付款，所以利率升降会减少或增加房地产需求，从而使房地产价格下降或上升。从房地产价值是房地产预期未来收益的现值之和的角度看，由于房地产价值与折现率负相关，而折现率与利率正相关，所以利率升降会使房地产价格下降或上升。综合来看，房地产价格与利率负相关，即利率上升，房地产价格下降；利率下降，房地产价格上升。

2. 社会因素

社会因素是指一个国家或地区的社会状况对房地产价格的影响，包括人口因素和社会环境因素两方面。其中，人口因素包括人口数量、年龄、受教育程度等状况。房地产的需求主体是人，房地产价格与人口因素的关系非常密切。特别是在城市，外来人口、流动人口的增加，导致对房地产的需求增加，从而引起房地产价格上涨。不仅是人口数量影响房地产价格，而且不同的人口构成形成不同的房地产需求，从而使房地产价格走向分化。社会环境因素包括城市化水平、社会治理水平、社会历史与文化等。城镇化水平的快速提高：一方面引起人口流动速度、流动频率加快，乡村人口向城镇的转移导致城镇人口增加，城镇总体规模增大，消费能力增强；另一方面，大量的人口流入城市，导致对住宅的需求旺盛，对房地产业的引致需求效果凸显。城镇化水平和住宅价格的变化有非常强的正相关趋势，是住宅价格变化的重要因素之一。

3. 政策因素

政策因素指政府相关部门使用行政权力对房地产开发销售过程中的土地、利率、税收、融资、金融机构信贷等环节采取相关的手段对其进行的控制和引导。此外与房地产相关的城市规划、交通管制等行政因素等对房地产价格的影响是全局性的。

（二）区域因素

区域因素指某一特定的区域内的自然条件与社会、经济、行政、技术等因素相结合所产生的区域特性，对该区域内的各房地产项目的价格水平会产生影响。区域因素是房地产市场的直接影响因素。

1. 交通条件

交通条件是影响房地产价格的关键因素,对交通条件的衡量通常采用通达度、距离和时间。通达度是一种综合性指标,指到达某特定地段的交通运输条件,由距离、耗时、费用来反映;距离主要看相对位置,即相对于中央商务区(central business district,CBD)或工作地点,或某种公共设施的距离;时间是指途中所耗费的时间,与道路类型和公交便捷程度密切相关。交通条件的优劣将直接影响一个区域人流、物流的通达性及其交通运输成本,影响人们的出行方便度,从而影响房地产的价格。

2. 商业服务繁华程度

商业服务繁华程度与一个城市的城市性质、规模、人口数量、经济发展水平等直接相关,并影响所在城市或地区的物质流、信息流和人流数量,从而影响所在地区的房地产价格。

3. 城市设施状况

城市设施包括技术性基础设施和社会性服务设施。技术性基础设施包括供水、供电、供气、供暖、排水、通信等。社会性服务设施主要指文化教育、医疗卫生、园林绿化、文体娱乐、邮电、消防设施等。以上两种设施可以用对应的设施完善程度来衡量,这些指标一般都对商品住宅价格呈正相关影响。

4. 环境状况

城市承担了居住和经济活动的多种功能,在实现这些不同功能的过程中难免出现环境不相容的问题。环境状况已成为影响房地产价格的关键因素。环境状况包括自然环境及人文环境两方面。其中,自然环境主要考虑噪音水平、空气质量、水质量、绿地景观、卫生状况等。人文环境主要考虑社区文化和邻里关系等。由于居住、办公、商业和商务等不同功能的活动对环境的要求不同,所以不同类型房地产对环境状况的考量各有侧重。

(三)个别因素

个别因素是指具体影响某宗房地产价格的因素。这类因素对房地产市场的影响范围和程度最小,但对具体房地产价格的影响却是最直接、最具体的。

1. 土地因素

土地是一种稀缺资源,土地价格是房地产价格构成中的重要部分。土地的价值由地质条件、地形地貌等自然属性和土地利用、区位等经济属性共同决定。前者直接关系建筑物的造价和建筑结构的设计。后者则使自然属性相同的地块呈现价值分异。在房地产市场中,地价与房价密不可分,二者互相影响,相互利用:一方面,地价水平受房地产投资力度的拉动而抬升;另一方面,房地产投资额度也受地价水平高低制约。房地产开发企业在开发出房地产商品之后一定会考虑其开发的成本,根据成本再加上一定的利润来制定房地产的销售价格,地价上涨导致成本上升则必然引起房地产价格上涨,从这方面来看土地价格的上涨是引起房地产价格上涨的原因之一。

2. 建筑物因素

建筑物的影响主要体现在以下三个方面:一是建筑规模和结构的影响。建筑物的建设成本因建筑面积、居住面积、建筑高度等不同而不同；建筑物的结构及使用的材料质量也对建筑物的成本有影响，从而影响其价格。二是设计与功能的匹配性。建筑物的设计风格、建筑装潢等应与建筑物的使用目的相适应，建筑物设计和装潢是否与其功能相适应也对房地产价格产生影响。三是施工质量。建筑物的施工质量直接决定着建筑物的耐用年限和使用的安全性、方便性和舒适性。良好的施工质量有助于房地产保值增值，从而影响房地产价格。

3. 建筑安装成本

建筑安装成本对房地产价格的影响主要体现在两个方面：一是房地产相关生产资料，如钢材、铝材等的价格上涨引起房地产价格上涨。二是房地产行业的升级转型导致建筑安装成本增加，房地产价格上涨。随着生态、绿色、智慧等新概念和技术的引进，建筑密度的降低、绿地面积的增加、架空层的推广、公共活动场所的设计、住宅小区物业管理配套设施的完善及建筑质量标准的提高，使房地产建设生产费用不断上升，节能措施的采用也会使单位面积的建筑安装成本相应增加。

4. 消费者预期

消费者预期是对未来房地产市场前景和房地产价格的估计、预测。在市场经济条件下，市场预期与房地产价格关系为：市场预期影响消费者行为，消费者行为又会决定房地产价格的高低。如果消费者在总体分析当前的经济形势下，通过自己的判断，对未来政策和经济前景充满信心，并认为随着国民经济的这种快速发展物价水平会进一步上升，从而部分消费者担心随着这种趋势的发展推迟购房会增加开支，在经过一阵观望之后，大部分消费者选择提前消费，导致住房需求增加，房价增幅再度上扬。反之，如果消费者在总体分析当前的经济形势下，通过自己的判断，对未来政策和经济前景很悲观，并认为随着国民经济的发展速度会放缓，物价水平将会出现下降，从而有部分消费者会认为，在这种情况下购房会使风险增加，进而经过一段时期的观望之后，部分消费者会保持谨慎的态度，推迟消费，导致住房需求下降，房价下跌。因此，消费者预期在房地产市场中也起到了非常重要的作用，是影响房地产价格的重要因素之一。

三、分类型房地产价格的影响因素

（一）居住类房地产与商业类房地产的差异

为了较好地理解居住类房地产和商业类（包含商业和写字楼物业）房地产的差异，可以从财务特征、建筑特征、地点特征和环境特征四个方面对其进行对比。表 8.1 说明所有房地产特征是对房地产使用功能的一种呈现。住宅的使用功能是居住和生活，因此，住宅房地产特征呈现的是居住环境。商业和写字楼物业的使用功能是购物和办公，商业类房地产特征呈现的是一种购物和办公环境。基于这样的特征差异，两类房地产价格的影响因素将有不同的侧重。

表 8.1　不同类型房地产特征对比

房地产特征	住宅物业	商业、写字楼物业
财务特征	1. 租金或价格 2. 停车空间的租金 3. 所有者与租赁者间的分配比例 4. 空间或单位的吸纳率 5. 付款方式及折扣 6. 物业管理费	1. 每平方米租金或售价 2. 租金折扣 3. 可用于出租的面积 4. 可用的年限 5. 物业管理费
建筑特征	1. 使用年期 2. 建筑物的条件 3. 单位的面积 4. 房间的数量与种类 5. 特殊设计	1. 标准层面积 2. 各功能面积的设置及比例 3. 可分割性 4. 智能化水平 5. 装修水平 6. 交通设计
地点特征	1. 娱乐性设施 2. 景观质量 3. 停车场的设施	1. 停车场设施 2. 配套设施 3. 对外交通设计 4. 景观质量
环境特征	1. 与就业中心的接近程度及沿途的环境 2. 与商业中心的接近 3. 与娱乐文化设施的接近程度 4. 与主要干道和交通枢纽的接近 5. 与停车场和空旷地的接近程度 6. 与学校的接近及学校质量 7. 与医院、消防、公安部门的接近程度，沿途环境	1. 与主干道，各交通枢纽和设施的接近程度 2. 与日间行人密集区的接近程度 3. 商业设施与配套 4. 周边商业区的年限和租金条件

（二）住宅房地产价格的主要影响因素

影响住宅房地产价格的因素很多，上一节中的所提到的一般因素、区域因素和个别因素均适用于住宅类房地产。对住宅房地产价格的分析通常从供需两方面进行。影响供给的主要因素包括：①土地出让价格；②建筑成本；③投资总额；④宏观调控。影响需求的主要因素包括：①经济发展；②人口总量；③居民可支配收入；④城镇化率；⑤消费者预期。

（三）零售商业房地产价格的影响因素

与居住房地产不同，商业房地产的需求是一种引致需求，所以对商业房地产的需求分析往往是基于商业服务分析之上的。图 8.1 左边虚线框是对商业服务的市场分析内容，实质上构成了商业房地产的需求分析。右边虚线框是对商业物业的供给分析内容。所以从该分析框架中可以看出影响商业房地产需求的主要因素包括：商圈内的消费水平、商业业态发展水平和商业网点的空间结构。影响商业房地产供给的主要因素包括：商业物业的规模、业种业态配比、融资水平、招商模式和管理模式等。

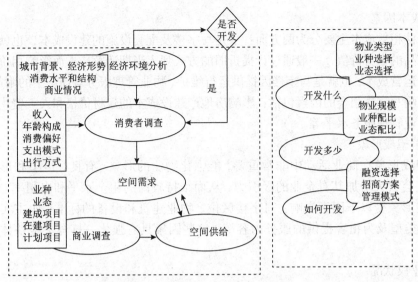

图 8.1 商业房地产市场分析框架

（四）写字楼价格的主要影响因素

写字楼产品的开发主要是为了对其他企业活动进行出租，较少出售整栋写字楼的产权。因此，写字楼租金即写字楼的使用权让渡的价值补偿或享用代价，是承租人为获取一定期限的写字楼使用权，而必须支付给房屋出租人的经济报酬。它既是写字楼使用价值分期出售的货币体现，又一定程度上体现了写字楼房屋租赁的供求关系。

写字楼市场在供需两方面都具有独特性。写字楼需求没有明显的市场边界，由商务、管理或其他写字楼空间使用者决定。所以，写字楼需求往往是通过预测行业就业人数来估算。需求的变动大，调整迅速。而写字楼供给周期具有独立性，供给与宏观经济相关性不大，价格弹性大，受以往租金/售价的影响。写字楼租金的主要影响因素如下。

1）区位

写字楼房地产对区位的要求较高，区位因素对房地产租金的影响较大。区位因素主要包括四个方面：一是位置，一般位于或接近经济活动中心或交通枢纽位置的写字楼租金较高；二是交通条件，包括城市的对内或对外交通通道系统；三是写字楼建筑周边的景观质量；四是区域商业配套、金融机构等教育文化设施的完善程度。

2）建筑本体和配套设施与设备

写字楼等级是建立在建筑本体和设备的智能化标准基础之上的。建筑物的形式、质量、功能、完损程度和设备设施的配套及智能化水平等因素直接决定了写字楼的租金水平。写字楼大堂的外观、平面设计和灯光布置等往往构成了写字楼建筑特色，建筑特色是写字楼租赁市场竞争的关键点，对写字楼租金具有影响力。写字楼内部空间因素，如租用面积范围内窗户的数量及其相对位置、照明情况、房间的进深和开间及楼外的景观等都会影响室内空间的灵活使用。室内空间的灵活性和有效使用性对写字楼租金会产生一定的影响。

3）成本因素

写字楼租赁成本主要分为两方面：一是写字楼及配套设施的建设成本，也就是写字楼作为商品的本身价值，一般通过计提折旧的方式列入当期运营成本而影响租价；二是写字楼的运营成本，也就是写字楼因提供运行维护、物业管理服务等而产生的附加价值。因此，影响写字楼租金的因素包括：影响房地产建设成本的建材价格和人工费用；招商费用和物业管理服务水平等。

4）声望或形象

声望或形象在商业活动中非常重要，能强化物业的形象。有良好声望和形象的写字楼建筑会大大增加其对企业的吸引力，从而维持较高的租金水平和出租率。而房地产声望或形象受以下因素影响：写字楼区位、物业建筑和设备的标准、业主实力和声望、租客类型及为租客提供的服务内容等，这些因素具有强化一栋写字楼整体形象的作用。

5）业权状况

统一业权的写字楼项目，由业主统一管理，在物业公司的挑选、承租者的谈判等方面都可以统一管理，为企业客户提供更多的便利。客户选择物业的面积、楼层、朝向、户型时自主性较大，而且在扩租场地时有更大的弹性，同时可以为业主与客户之间的沟通提供稳定、单一的沟通渠道。分散业权后，对于开发商而言可实现短期套现，但是将会对写字楼房地产的运营带来一系列弊端。例如，各业主之间的档次参差不齐，难以统一利益，租户的质量难以保证，写字楼品质较难控制，从而导致写字楼租金的下滑。

6）外部因素

外部因素包括政治因素、经济因素、社会因素及写字楼租户群体和个体的因素等。例如，社会生产力的发展，科学技术的进步；经济环境态势及市场货币流通数量的增减变化；社会风气、办公时尚的变化；写字楼租户增减变化及发展规模的变化；租户的租赁需求偏好及出租者的营销策略等。

四、房地产价格理论

（一）房地产价格与宏观经济的作用机制

房地产价格作为房地产市场的综合体现，与宏观经济相互作用。宏观经济变化会从房地产需求和供给两方面影响房地产价格，在经济危机条件下，金融机构关闭合并，企业信用恐慌导致供出售的土地和建筑增加，而开发商信用恐慌导致增量住房供应减少，居民失业、收入降低导致存量住房供应增加，房地产市场供大于求，房地产价格下降。反过来，房地产价格变化会引起居民、企业、金融机构的一系列变化从而影响宏观经济。以房地产价格下降开始，对企业而言意味着抵押物价值下降，借贷能力下降，对金融机构而言意味着贷款违约率上升，信贷减少，二者共同导致投资减少，对居民而言真实财富减少，外加因企业投资减少而失业增加，居民的消费减少；在投资消费均减少的情况下经济开始衰退（图 8.2）。

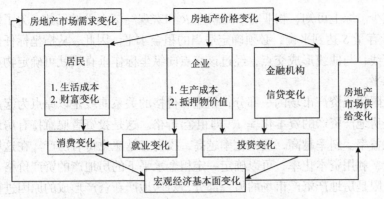

图 8.2　房地产价格与宏观经济的相互作用机制

（二）房地产市场的四象限模型

从房地产市场运作来看，房地产市场由资本市场和物业市场构成，其中，资产市场决定房地产价格和生产，物业市场决定着房地产租金。资产市场与物业市场是相互联系的，它们的联系可以通过四象限模型来描述。其中，第一、第四象限代表物业市场，第二、第三象限代表资产市场。该模型揭示了市场存量、租金、房地产价格、新开发建设量四者的联动关系。从某个存量值开始，由物业市场确定租金，租金通过资产市场转换成物业价格，资产价格接着导致新的开发建设量形成，再转回物业市场，最终形成新的物业存量。该模型为房地产价格形成奠定了理论基础（图 8.3）。

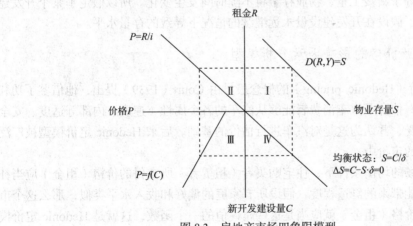

图 8.3　房地产市场四象限模型

第一象限揭示租金的形成机理。租金和存量的关系曲线表示在特定经济条件下，物业需求量怎样取决于租金。如果物业需求是完全非弹性需求，则无论租金如何改变，物业需求量都不会改变，曲线是一条垂直于横坐标的直线。如果物业需求是完全弹性需求，则曲线会变为一条平行于横坐标的水平线。但实际情况是二者的关系处于这两种极端情况之间，是一条向右下倾斜的直线，说明物业需求会随租金上升而减少。如果社会经济状况发生变化，则整个曲线就会移动。当经济增长时，曲线向上平移，表明在租金不变的情况下，物业需求增加；当经济衰退时，曲线向下平移，表明在租金不变的情况下，物业需求减少。综上可知，物业需求是租金 R 和宏观经济水平的函数。为了使物业需求量 D 和物业存量 S 达到平衡，必须确定适当的租金水平。因此，从横坐标任何一点向上作一条垂直线，与曲线形成交点，经过该交点向纵坐标作垂直线就可确定物业供需平衡时的租金水平。

第二象限代表资产市场的一部分，租金和价格的关系曲线是以原点为起点的射线，其斜率代表房地产资产的资本化率 i，即租金/价格。这是投资者愿意持有房地产资产的当前期望收益率。斜率越高，资本化率越高，投资者越愿意持有房产。在这里资本化率是外生变量，利用资本化率，可以确定一定租金水平下的房地产的资产价格 $P=R/i$。

第三象限是房地产资产市场的另一部分，对房地产新资产形成的原因进行了解释。其中的曲线代表房地产的重置成本。新项目开发建设的重置成本是随着房地产开发活动 C 的增多而增加的。所以曲线向左下方延伸。而价格横轴的截距是保持一定规模新开发量所要求的最低单位价格。若开发成本不受开发数量影响，则关系曲线垂直于横轴，若开发中的瓶颈导致供给非弹性变化，则关系曲线平行于横轴。从某个房地产价格向下作垂直线与成本曲线相交，从该交点向纵坐标作垂直线即可确定对应的新开发建设量。此时，开发成本等于资产价格。如果房地产新开发建设量大于这种平衡数量，则导致开发商获取超额利润。反之，房地产商无利可图。

第四象限，年度新开发建设量被转换成房地产物业的长期存量。在一定时间内，存量变化等于新建房地产数量减去由房屋拆除（折旧）导致的存量损失。以原点出发的射线表示使每年的开发建设量等于纵轴上某一存量水平，在这种存量水平和相应的建设量上，由于折旧量等于新竣工量，物业存量将不随时间发生变化。所以假定了某个开发建设量，同时确定了假设在开发建设量永远继续的情况下导致的存量水平。

（三）房地产价格的影响因素分析模型

Hedonic 定价（Hedonic pricing）的概念最早由 Court（1939）提出，他借鉴了功利主义的享乐哲学，估计了汽车消费者能够从汽车的各个属性（速度、内部舒适度、安全等）所获得的享受，并认为这是对汽车进行估价的基础。后来 Hedonic 定价模型被广泛地运用在耐用品的定价中。

在竞争性市场的均衡条件下，住宅购买者（租赁者）所支付的价格（租金）应当补偿其各种属性所能带来的舒适程度。假设所有家庭的偏好和收入水平类似，那么这个市场中所有住宅的价格（租金）就应当是这些属性值的一个函数，这就是 Hedonic 定价模型。模型可采用加法形式

$$P = \alpha + \beta_1 X_1 + \beta_2 X_2 + \cdots + \beta_n X_n$$

式中，X_1，$\cdots$，X_n 为建筑物的属性；P 为住宅的价格。通过一系列样本数据可以估计出参数值。但此方程无法表现边际效用递减规律。

考虑住宅的属性还应当遵循边际效用递减规律，即住宅的价格随着某种属性的增加而增加，但是增加的速率会越来越慢，因此 Hedonic 模型还有乘法形式

$$P = \alpha X_1^{\beta_1} X_2^{\beta_2} \cdots X_n^{\beta_n}$$

第二节　房地产价格分析实习方案

一、实习方案一——某地段房地产价格的时间变化

（一）目的与要求

1. 实习目的

培养学生利用房地产价格数据和相关信息开展房地产市场分析的能力。

2. 实习要求

（1）对房地产价格认知包含三个层面的要求：一是能总结实习房地产的价格变化特征；二是对房地产价格变化特征进行解释；三是基于历史数据和未来市场条件对房地产价格的趋势做出判断。

（2）实习方式采用内外业结合。外业部分要求通过实地走访收集数据和信息。

（3）内业部分要求完成实习报告一份"某社区/地段房地产价格变迁分析报告"。

（二）实习规程指引

1. 实习内容

（1）居住房地产的价格变迁。实习内容可细分为商品住宅或公寓或别墅的价格变迁。

（2）商业房地产的价格变迁。实习内容可细分不同业态商业房地产的价格变迁，如大型超市或购物中心等。

2. 实习步骤

（1）选择上述任一实习内容或者分组选择上述所有实习内容。

（2）选择城市某一特殊地理单元，如城市边缘区地段、新开发区或社区进行实地走访。

（3）通过实地走访和文献检索收集房地产价格数据和相关信息。

（4）基于数据和文献总结房地产的价格变化特征。

（5）结合房地产价格理论分析房地产价格影响因素的作用机理。

（6）任选一预测方法，完成实习房地产的价格趋势预测。

二、实习方案二——某城市房地产价格的空间变化

（一）目的与要求

1. 实习目的

通过观察和分析房地产价格在一个城市内部的空间分异现象和空间溢出现象，为房地产投资提供空间决策参考。

2. 实习要求

（1）通过实地采集数据，构建房地产价格的空间数据集。

（2）运用 GIS 技术对房地产价格的空间结构进行可视化表达。

（3）基于空间数据集开展房地产价格的空间分异和空间溢出分析。

（二）实习规程指引

1. 实习内容

（1）交通沿线房地产价格的分异特征。

（2）公共基础设施对房地产价格的空间溢出。

2. 实习步骤

（1）实习调研区的产生。根据城市规划与发展特点，选择一条贯穿城市中心到城市郊区的交通线。交通线可选择地铁线路或公交线路。大型公共基础设施可选择公园、绿地、学校、艺术中心等。利用 GIS 的缓冲区技术，在交通线沿线或公共基础设施周边一定范围确定实习调研的地域边界。

（2）在实习区范围内选取房地产样本点并采集数据。

（3）基于数据采集构建房地产价格的空间数据集。

（4）基于空间数据集，对于实习内容（1）采用空间分析技术分析房地产价格的空间分异特征。

（5）基于空间数据集，对于实习内容（2）采用空间探索技术检验公共基础设施对房地产价格的溢出影响。

第九章　房地产区位认知

第一节　基本理论知识

一、区位

（一）定义

区位是指空间位置及其与外部的空间联系和所具有的社会经济意义。

（二）区位的时空特性

区位与位置相区别，位置具有相对固定和不变性，但区位则具有相对性和可变性。具体表现为两方面：一是在时间维度上，区位会随着区域内的交通、产业、社会、文化、政治联系的变化而变化。一个房地产项目的区位优势在另一个时间段则有可能丧失。二是在空间维度上，一个房地产项目的区位关系可以放在不同尺度的空间范围来衡量。例如，一个房地产项目的区位关系可放在地点、地段或城市的范围来讨论。

（三）区位因子

区位因子是指影响房地产选址的因素。通常包含三类：一是宏观层面的社会经济环境；二是中观层面的可进入性；三是微观层面的地点因子。地点因子包括土地的可获得性、基础设施、知名度、生活质量、交通便利性等影响支出的因素。可进入性因子包括与区位相关的一系列因素，如劳动力（工资、数量和质量）、原材料、能源、市场（含本地、区域或全球市场）及与供应商和消费者的接近性。社会经济环境包括资本（投资和风险资本）的供给、各种补贴和优惠政策、法律法规、税收和技术等。

房地产是承载一定功能的实体空间，从使用功能方面划分房地产，可分为居住和产业两类物业。其中，产业类房地产包括商业物业、工业物业、写字楼物业。这些功能不同的房地产对区位的要求具有较大差异。房地产的区位因子本质上是从生活、生产或办公活动的要求方面考虑的。

1. 居住区位因子

居住区位因子如表9.1所示。

表 9.1　居住区位因子

一级指标	二级指标
经济因素	房价、居民收入
交通因素	上班、上学、就医、购物等出行距离

续表

一级指标	二级指标
环境因素	污染程度、绿化程度、临水状况、周边建设环境
人文因素	安全状况、文化氛围、民族关系、居住者属性（年龄、职业、受教育程度、民族种族背景）

来源：根据《应用区位论》整理。

2. 商业区位因子

商业区位因子如表 9.2 所示。

表 9.2　商业区位因子

一级指标	二级指标
交通	干路交通：通达性、枢纽程度、道路密度 内部交通：道路性质、道路结构
地价	地价的空间分布
人口	人口密度、收入水平、人口空间分布
文化	与消费行为和购买习惯有关的习俗、传统、价值取向等
空间经济结构	商业企业之间的关联与竞争关系 商业与其他行业的关系
环境	外部环境、内部环境

来源：根据《应用区位论》整理。

3. 产业区位因子

由于产业活动具有空间聚集的特征。所以，产业房地产往往呈现聚集分布的空间模式。产业聚集区位受产业利润机制驱动而不断变化。决定产业利润的主导因素也经历了从生产成本、运输成本、交易成本到创新成本的变迁。表 9.3 列出了不同产业的区位因子。

表 9.3　不同产业的区位因子

产业类别	一级指标	二级指标
传统工业	作用范围不同的因子	一般区位因子（运费、地租、劳动费用） 特殊区位因子（气候、地质条件等）
	空间作用性质不同的因子	区域性因子（矿产资源、水资源等） 集聚因子（协作化、动力使用等） 分散因子（地价上升、运费增加等）
	种类和特性不同的因子	自然技术因子（自然资源与条件、劳动力技术水平） 社会文化因子（居民的消费水平与习惯、利息和成本的地区差异等）
高技术产业	区域间的因子	知识溢出环境、人力资本密度、气候环境、供应链环境（制造业的基础水平、服务业水平）、交通与通信环境、贸易条件
	区域内部因子	大学的支持行为和研究设施、高质量的人力资源、良好的产品服务环境、区域间和国际间的良好连通性
生产服务业	宏观因子	社会经济发展水平、经济体制、产业结构、城市地位、规模和职能、政府管理体制和政策
	微观因子	交通（中心性、与干路交通的关系，附近的交通状况） 设施环境（商场、公寓、酒店、商务中心、生活设施景观环境等）、企业性质和行为偏好、社会文化（文化的开放性和国际性）

二、区位理论

（一）中心地理论

德国经济地理学家克里斯泰勒（Christaller）1933 年出版了《南部德国中心地原理》，提出关于城市区位的中心地学说。1939 年，德国著名经济学家勒施在《经济空间秩序》中证明了正六边形是最佳的市场区形状；以最低级的门槛需求开始向上建立中心地体系；推论了更一般的市场区位和经济景观。前者以地理学研究范式，后者以经济学研究范式共同构建了中心地理论。中心地理论在商业体系分析中具有重要的应用价值。

1. 中心地理论的基本假设

（1）这是一片没有明显起伏的、无边的大平原。

（2）平原上的环境几乎一样，特别是土壤肥力和水分供应等方面。

（3）平原上的初始人口分布是均匀的。

（4）区域的运输条件完全一样，没有可供利用的水道，全部活动通过陆路，影响这种运输的唯一因素就是距离。

（5）人们的活动都是有理智的。对消费者来说，符合距离最小化原则；对提供服务的经营者来说，会寻找最佳位置，取得最大的市场，使其利润最大化。

2. 中心地分布的条件

（1）提供同一种服务的经营者要尽量少，以保证每个经营者能获得最大利润。

（2）区域的全部人口都能得到同种服务，不存在市场空白的情况。

3. 基本思路

根据已有区位理论原则，确定个别经济活动的市场半径。然后，引进空间上组合的概念，形成一个多中心商业网络；将各种经济活动聚集纳入一套多中心网络的等级序列中。

4. 核心观点

在上述假设的基础上，提出了一套市场区等级序列和中心地等级系列。$K=3$ 系统的涵义是在市场竞争原则下，每个二级中心地都位于 3 个一级中心地所组成的等边三角形的中心。因此，每个二级中心地的市场区的 1/3 分别归属于 3 个一级中心地，由 6 个二级中心地的 1/3 市场区形成 2 个完整的六边形市场区，加上一级中心地本身的 1 个正六边形市场区，总共是 3 个市场区，这说明每个一级中心地的市场区涵盖 3 个二级市场区，以此类推，二级中心地的市场区数量总是一级中心地市场区数量的 3 倍。由于一级中心地包含了二级中心地的所有职能，所以一级中心地所属的 3 个二级市场区内，只需要在原有的 1 个一级中心地之外增加 2 个二级市场区，并且上下两级中心地的个数同样也是呈 3 倍的数量增长。

同理，在交通原则下，上下两级中心地的市场区个数和中心地个数均呈 4 倍增长。在行政原则下，上下两级中心地的市场区个数和中心地个数均呈 7 倍增长（表9.4）。

表 9.4　不同原则下的市场区等级序列和中心地等级序列表

不同原则	市场区等级序列	中心地等级序列
$K=3$ 系统	1，3，9，27，…	1，2，6，18，…
$K=4$ 系统	1，4，16，64，…	1，3，12，48，…
$K=7$ 系统	1，7，49，343，…	1，6，42，294，…

（二）空间相互作用理论

1. 空间相互作用模型

根据空间相互作用理论，任意两个地理事物的空间相互作用强度与地理事物的规模成正比，与两个地理事物间的距离成反比。其中，随距离线性衰减的为牛顿式相互作用模型，又称为重力模型；随距离呈指数衰减的为威尔逊式的空间相互作用模型。其模型表达见式（9.1）和式（9.2）。

$$I_{ij} = k\frac{P_i \cdot P_j}{r_{ij}^{\lambda}} \tag{9.1}$$

$$I = w \cdot P_i \cdot P_j \cdot e^{-\alpha r_{ij}} \tag{9.2}$$

式中，I_{ij} 为地的相互作用力；P_i 和 P_j 为 i，j 两个中心地的规模；r_{ij} 为 i，j 两地的距离；λ 为距离衰减系数；k 为比例系数。

2. Reilly 模型

根据空间相互作用原理，可计算市场断裂点，从而确定市场边界。考虑一个线性市场，i，j 两个商业中心经营同样商品和服务，位于 i，j 两个商业中心之间的居民点选择到 i，j 两个中心的消费额分别为

$$I_{iX} = k\frac{P_i \cdot P_X}{r_{iX}^2} \tag{9.3}$$

$$I_{jX} = k\frac{P_j \cdot P_X}{r_{jX}^2} \tag{9.4}$$

Reilly 提出用居民点与两个商业中心的空间相互作用的比来表征居民区在两个商业中心的消费额比例，因此，

$$\frac{I_{iX}}{I_{jX}} = \frac{k\dfrac{P_i \cdot P_X}{r_{iX}^2}}{k\dfrac{P_j \cdot P_X}{r_{jX}^2}} = \frac{P_i \cdot r_{jX}^2}{P_j \cdot r_{iX}^2} \tag{9.5}$$

该比例与商业中心的规模成正比，与居民点到商业中心的距离的平方成反比。

进一步，定义两个商业中心的市场分界点就是空间相互作用力相等的均衡点 x，即

$$\frac{I_{iX}}{I_{jX}} = \frac{P_i \cdot r_{jX}^2}{P_j \cdot r_{iX}^2} = 1 \tag{9.6}$$

如果

$$r_{ij} = r_{iX} + r_{jX} \tag{9.7}$$

将式（9.7）带入式（9.6）则得到市场分界点的位置

$$I_{iX} = \frac{r_{ij}}{1 + \sqrt{P_j / P_i}} \tag{9.8}$$

在模型应用中，影响市场分界点的因素很多，如人口、交通及空间阻尼的差异。所以，该模型更精致的应用是考虑这些因素的差异性。办法就是向模型引入参数，因此出现了一系列的改进模型，如佛德汉姆对重力模型的改进

$$I = k \frac{p_i^{\alpha} \cdot P_j^{\beta}}{r_{ij}^{\lambda}} \tag{9.9}$$

式中，k 为常数，用来调节数量级别的差异；α 和 β 分别为人口差异指数；λ 为距离差异指数。相应的市场分界点可改写为

$$I_{ix} = \frac{r_{ij}}{1 + \sqrt[\lambda]{P_j^{\beta} / P_i^{\alpha}}} \tag{9.10}$$

3. Huff 模型

上述模型适用于两个中心地的市场区分界点的确定。在存在两个以上中心地时，其市场区分界点的确定则需要按照 Huff 模型来划分。

$$P_{ij} = \frac{S_j / D_{ij}^{\lambda}}{\sum_{j=1}^{n} S_j / D_{ij}^{\lambda}} \tag{9.11}$$

式中，S_j 为 j 商业集聚区的营业面积（商业规模）；D_{ij}^{λ} 为 i 居住区的消费者到 j 商业集聚区的出行距离（时间距离或者空间距离）；S_j / D_{ij}^{λ} 为 j 商业集聚区对 i 地区消费者的吸引力；P_{ij} 为 i 居民区的消费者到 j 商业集聚区购物的可能性；λ 为根据经验推测而得的消费者对时间/空间距离敏感性的参数。

（三）微区位理论

传统区位理论适宜解析宏观尺度的区位问题，微区位理论则是在微观尺度开展区位分析。微区位的空间范畴定位于城市街区，对商业房地产区位选择具有重要的理论指导意义。

1. 商业的空间聚集

根据最小差异原则商业具有空间聚集性。这一原则源自霍特林（Hotelling，1929）的"竞争的稳定性"一文，其基本思想是在同一零售市场，在给定商家数量的情况下，商家的区位聚集所带来的经营利润比分散经营的利润要高。后有大量实证研究运用统计技术方法表明这一原则与事实符合，差别较小或同类别的零售商品具有区位聚集性。Brown 进一步指出，这一原则只对某些零售商品适用。高端零售商品倾向于集中在一起，而生活必需品则不倾向于集中，并且这一理论无法解释位于郊区的超市比位于市中心区的超市更有竞争力的现象。

2. 商业空间关联

商业空间关联主要体现为一种外部性关系，外部性关系就是商业设施群落内部聚集而给彼此带来潜在客流而形成的一种关联关系。这种外部性关联的类型分为消费者主导型、商品主导型和结构主导型。其中，消费者主导型是围绕消费者主体形成系列相关商业设施在空间上的关联，由不同的生活群体、职业群体、收入群体形成。例如，大学、火车站、旅游景点周边形成的商业关联群体。商品主导型是围绕商品之间的关联形成的，又分为专业性关联和综合性关联，前者如各种专业化的商业街，后者如综合性商业区。结构主导型是从商业设施之间结构关系的角度而言的。这种关联又细分为庇护型关联、互补型关联。前者如旗舰店、名店、大型店与中小商店之间的关联。后者一般由消费连带形成，如书店与文化用品店、餐饮与娱乐设施，或由业务协作连带形成，如金融、保险、出版、广告、中介等的生产服务集合。

关联度系数可定量测度商业空间的关联性。

（1）共栖型关联度。共栖关联度反映两个或多个商业设施之间的关联度，不能表达商业设施之间的主次关系。

$$R_{i,\cdots,j} = \frac{C_{i,\cdots,j}}{C_i + \cdots + C_j} \tag{9.12}$$

式中，$C_{i,\cdots,j}$ 为同一时段内光顾 $i\sim j$ 设施的人数；C_i 为同一时段内光顾设施 i 的人数；C_j 为同一时段内关顾设施 j 的人数。

（2）依附型关联度。通过对比依附性关联度的大小，可以表达两种或两种以上设施的主次关系。

$$R_{ij} = \frac{C_{ij}}{C_i} \tag{9.13}$$

$$R_{ji} = \frac{C_{ij}}{C_j} \tag{9.14}$$

式中，R_{ij} 和 R_{ji} 表示 i 对 j 设施的依附性关联度和 j 对 i 设施的依附性关联度。

（3）区域关联度。区域关联度适用于微观尺度范围，该值越大，说明商业街区的消费连带性越强，商业空间结构越紧凑，商业效益也越好。

$$R = \sum_{i=1}^{n} \sum_{j=1}^{n} \frac{C_{ij}}{C_i + C_j} / n(n-1) \quad (i \neq j) \tag{9.15}$$

式中，n 为商业街区商业设施的总数。其他字母含义同上。

3. 商业空间竞争

商业空间竞争就是商业设施之间对市场空间的竞争。霍特林的空间竞争理论揭示了区位竞争中的最优决策原理。空间相互作用理论及重力模型提供了一种通过划分商圈，分析商业空间竞争的途径。在微区位理论中，商业空间的竞争分为三种情况：一是不饱和市场的竞争，又分为植入型和扩域性竞争；二是饱和市场的竞争，又分为袭夺覆盖式竞争、均势瓜分型竞争；三是错位竞争。

（四）居住区位理论

1. 居住区位变迁理论

居住区位变迁理论旨在揭示住宅区位选择的机制和特点，包含了过滤论、家庭生命周期理论、互换论、经济生态理论等多种学说。

过滤论认为居住区位存在收入提高推动住房转换的过滤机制。这种过滤的结果是形成了同心圆型的居住结构。图9.1伯吉斯同心圆模型反映了这种由收入推动带来的居住空间分异。

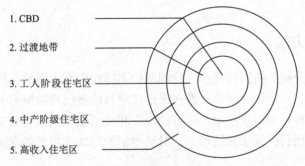

1. CBD
2. 过渡地带
3. 工人阶段住宅区
4. 中产阶级住宅区
5. 高收入住宅区

图 9.1　伯吉斯同心圆模型

生命周期理论从居民在不同生命阶段居住需求的变化出发提出了居住区位的空间变化规律。其主要内容是：一个家庭经历①～④四个阶段，在不同的阶段其选择居住的区位会发生改变。①无巢阶段对应没有成立家庭的个体，由于个人经济条件较差，无力负担高房价，只能选择城市边缘区居住。②小巢阶段对应刚成立的家庭，由于经济条件改善，其居住区位趋近距离市中心区较近的理想区位。③大巢阶段对应一户几代人的家庭，经济和出行能力进一步提高，往往选择生态环境较好、远离中心区的高级住区。④空巢阶段对应子女长大离家老年人单独居住阶段，由于对医疗保健的需求增加，老年人回归市中心区居住（图9.2）。

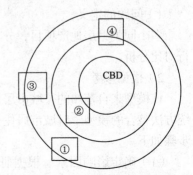

图 9.2　居住区位的时空变化规律
①无巢阶段；②小巢阶段；
③大巢阶段；④空巢阶段

20世纪50年代，由阿朗索提出，墨斯和伊文斯发展完善的互换论认为在收入和其他商品消费一定的情况下，家庭住宅选择取决于交通费用与住宅费用之间的互换关系。这种理论体现了古典经济学理论框架下区位分析的基本特点，即基于理性经济人的假设，追求经济最优。

经济生态理论引入生态位理论解释居住区位的变化机制。其主要思想是：居住区位是由人的生态位与居住诉求共同决定的。两者存在均衡点，当两者处于非均衡点时就会发生居住区位的迁移。一方面，人的生态位由经济生态位和自然生态位决定，如果经济生态位由经济收入水平表示，自然生态位由年龄等自然属性表示，则年龄小、收入高的生态位最高，年龄大、收入低的生态位最低。而年龄大、收入高与年龄小、收入低则是等效用的。另一方面，人对住房的诉求可概括为便利性和舒适性。便利性偏向于经济属性，舒适性偏向于生态属性。生态位低的人倾向选择便利性高的住区，而生态位高的人倾向选择舒适性高的住区。生态位与居住诉求不匹配，说明居住区位处于不均衡状态，从而发生居住区位的迁移。

2. 居住规模开发理论

20世纪90年代初随着新城市主义思维的兴起，以彼得卡斯诺普为代表的学者提出居住区的规模开发理论。其基本思想是：邻里是居住区基本单元，通过交通站点来组织社区，减少交通出行，控制城市蔓延。将多样性、社区感和人性化等传统价值标准融入社区生活。

三、区位的分析方法

房地产区位的分析方法因房地产区位问题的不同而应有不同的选择。房地产区位问题大致可分为两类：一是区位评价，即在房地产项目位置已知的情形下，对该房地产区位进行评估。其分析结果对于房地产项目的开发和经营定位决策具有参考意义。二是区位决策，即房地产项目位置未知情形下，对某类别的房地产项目的空间决策过程。

（一）区位评价模型

1. 价值信息模型

1）问题的定义

多个同类型房地产项目，分布在不同的空间位置，对这些房地产项目的区位价值进行对比分析。

2）模型参考

该模型来自范炜的《城市居住用地区位研究》，这是一种将数学模型与地理信息系统方法整合的模型。对城市居住类房地产的区位评价具有较好的参考意义。模型构建的步骤如下。

（1）确定影响因素。根据研究或项目的实际需要选取影响住宅区位的因素。主要从区位的房价条件、可达性和配套设施条件三个方面选择影响因素。这些指标的定义如表9.5所示。

表 9.5 影响住宅区位的指标因子

指标	细化指标	定义
区位的房价条件	房价	各个区位的房价 P / 所有区位房价的平均值 P'
区位的可达性	主要道路数量	各个区位的主要道路数量 R / 所有区位主要道路数量的平均值 R'
	公交线路数量	各个区位的公交线路数量 L / 所有区位公交线路数的平均值 L'
	到市中心的距离	各个区位的到市中心的距离 D / 所有区位房到市中心距离的平均值 D'
区位的配套设施条件	区位周边的购物场所数量	各个区位周边的购物场所数量 M / 各个区位周边的购物场所数量的平均值 M'
	区位周边的医疗机构数量	各个区位周边的医疗机构数量 H / 各个区位周边的医疗机构数量的平均值 H'
	区位周边的教育机构数量	各个区位周边的教育机构数量 S / 各个区位周边的教育机构数量的平均值 S'
	区位周边的绿地数量	各个区位周边的绿地数量 G / 各个区位周边的绿地数量的平均值 G'

（2）构造价格参数、交通参数和环境参数实现区位影响因素的量化，其量化方法如表 9.6 所示。

表 9.6 区位影响因素的量化方法

指标	指标量化	指标权重	量化方程
区位的房价条件	价格参数 P_P	K_P	$C=P_P$ $P_P=P/P' \cdot K_P$
区位的可达性	交通参数 P_T	K_T	$P_T=(R/R'+L/L'-D/D') \cdot K_T$
区位的配套设施条件	环境参数 P_E	K_E	$P_E=(M/M'+H/H'+S/S'+G/G')/4 \cdot K_E$

（3）基于三个参数，建立数学模型

$$V = \frac{P_T + P_E}{P_P} \qquad (9.16)$$

将上述计算公式与各参数量化方程式进行迭代合并可以得出如下公式

$$V = \frac{P_T + P_E}{P_P} = \frac{\left(\dfrac{R}{R'} + \dfrac{L}{L'} - \dfrac{D}{D'}\right) \cdot K_T + \left(\dfrac{M}{M'} + \dfrac{H}{H'} + \dfrac{S}{S'} + \dfrac{G}{G'}\right)/4 \cdot K_E}{\dfrac{R}{P'} \cdot K_P} \qquad (9.17)$$

（4）收集数据与确定权重。通过地理信息系统、网络、调研等方式获取需要进行计算的变量的数据。权重可通过调查问卷或访谈等方式确定。

（5）运算求解与评价。通过计算可获得每个区位的房地产的 V 值，V 值的绝对数字并不含有特定意义，只有通过两者或多个结果间的对比才能反映区位的综合优势并进行评价。由于该综合优势度指数是由分项指数合成的，所以，价格参数 P_P、交通参数 P_T、环境参数 P_E 的值也可以反映不同区位各影响因素的优劣。该模型还可以进行区位的预期评价，即在数学模型中加入当前建设量（如在建地铁、桥梁数量等）、未来规划量（当前基础设施的兴建量等）等变量求出新解。将当前状态的价值量与未来预期的价值量进行比较则可以进行区位综合价值的动态评价。

2. 市场区分析模型

1）问题的定义

市场区是指一种包含了消费者（或潜在消费者）和为消费者提供商品或服务的商家在内的特殊区域。在这个地域范围内，消费者通过出行到达商家获得商品或服务，这时，消费者需要做出选择。如果对消费者而言相对便利的商家只存在一个，那么选择是固定的；如果存在多个，那就意味着在一定范围内存在潜在选择。每个消费个体选择哪个商家（或商业中心）就会给该商家带来一笔销售增量。由选择该商家（或商业中心）的所有消费总体构成的就是该商家的总销售收入。从商家（或商业中心）的角度来看，在市场竞争中续存和发展，识别出相应的市场区，并对其变化保持高度敏感是非常必要的。一个商家（或商业中心）的市场区规模及其扩展取决于以下几个因素：自身区位、竞争者的区位、潜在消费者的空间分布、经营的商品及服务。这里定义的问题是：给定潜在消费者的空间分布和竞争者，对既定区位的商家（或商业中心）的市场区进行评估。

2）方法参考

中心地 Z 与周边六个中心地的规模、距离和位置关系如图 9.3 所示。按照 Reilly 模型计算中心地与其他六个中心地的市场分界点，然后通过每个市场区分界点分别向 Z 与每个中心地的连线作垂线，所有垂线及延长线围合的范围就是中心地 Z 的市场区（图 9.4）。

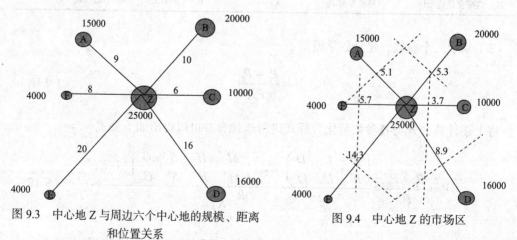

图 9.3　中心地 Z 与周边六个中心地的规模、距离和位置关系　　　　图 9.4　中心地 Z 的市场区

（二）区位决策模型

1. 点状设施区位模型

韦伯问题是指在一个连续的二维空间中确定一个成本最小的设施区位。在该设施区位，成本被解读为欧式距离的函数。

（1）韦伯问题的数学表达。

$$\text{Minimize} \sum_{i=1}^{n} a_i \left((X - x_i)^2 + (Y - y_i)^2 \right)^{\frac{1}{2}} \tag{9.18}$$

（2）韦伯问题的迭代算法。对于一个凸函数取其倒数，并赋值为 0，即可以得到其极值。

$$\frac{\mathrm{d}}{\mathrm{d}X} = \sum_{i=1}^{n} {}^{-1/2} a_i \left((X - x_i)^2 + (Y - y_i)^2 \right)^{-\frac{1}{2}} \cdot 2(X - x_i) \tag{9.19}$$

令

$$d_i = \left((X - x_i)^2 + (Y - y_i)^2 \right)^{-\frac{1}{2}} \tag{9.20}$$

所以，方程简化为

$$\sum_{i=1}^{n} \frac{a_i}{d_i} (X - x_i) = 0 \tag{9.21}$$

进一步将式（9.21）写为

$$X \sum_{i=1}^{n} \frac{a_i}{d_i} - \sum_{i=1}^{n} \frac{a_i x_i}{d_i} = 0 \tag{9.22}$$

于是

$$X = \frac{\sum_{i=1}^{n} \dfrac{a_i x_i}{d_i}}{\sum_{i=1}^{n} \dfrac{a_i}{d_i}} \tag{9.23}$$

同样的推导可得到

$$Y = \frac{\sum_{i=1}^{n} \dfrac{a_i y_i}{d_i}}{\sum_{i=1}^{n} \dfrac{a_i}{d_i}} \tag{9.24}$$

从代数的角度看该方程不是唯一解。因此，Weiszfeld 提出用迭代法解决韦伯问题。从任何一个位置开始，每次计算得出 d_i，以上一次的 d_i 为基础继续寻找使得 d_i 值更小的位置，直到 d_i 值不再变动，处于稳定状态，即可获得最佳区位的位置。在迭代过程中，如果区位估计点正好与消费点重合，则会出现 $d_i=0$ 的情况，这将意味着下一次迭代计算代入的 $d_i=0$，从而造成无法计算。为了避免这个问题的出现，Weiszfeld 提出，在距离计算中采用如下公式

$$d_i = \left((X-x_i)^2 + (Y-y_i)^2 + \varepsilon\right)^{-\frac{1}{2}} \tag{9.25}$$

式中，ε 为正的常数。

2. 线状设施区位模型

（1）问题定义：给定起点和终点，确定两点之间的最优路径，又称为最短路径问题。

（2）最短路径问题的数学表达。

目标函数

$$\text{Minimize} \sum_i \sum_{j \in \Omega_i} d_{ij} X_{ij} \tag{9.26}$$

约束条件

$$\sum_{j \in \Omega_i} X_{sj} = 1 \tag{9.27}$$

$$\sum_{i \in \Omega_i} X_{it} = 1 \tag{9.28}$$

$$\sum_{i \in \Omega_k} X_{ik} - \sum_{j \in \Omega_k} X_{kj} = 0 \quad \forall k \neq s, t \tag{9.29}$$

$$X_{ij} = \{01\} \forall (i,j) \tag{9.30}$$

式中，i、j、k 为网络节点编号；Ω_i 为与节点 i 直接相连的所有点的集合；s 为路径的起点；t 为路径终点；d_{ij} 为弧段的距离或成本；X_{ij} 为连接 i 点和 j 点的弧段。

（3）迪杰斯特算法（Dijkstra algorithm）。

第 1 步，定义起点 s 和终点 t。初始化所有的节点为未标号点，建立未标号点集合 u，令 $\hat{D}(s)=0$，$T=\{s\}$，$u=u-\{s\}$。

第 2 步，从 T 中选择让 $\hat{D}(.)$ 值最小的节点 k，变为已标号点，并设 $T=T-\{k\}$，如果 $k=s$，则设 $P(k)=$"stop"。

第 3 步，对于每个弧段 (k, j)，①如果 $j \in T$ 并且 $\hat{D}(k)+d_{kj} \leqslant \hat{D}(j)$，那么就让 $\hat{D}(j)=\hat{D}(k)+d_{kj}$，$P(j)=k$；②如果 $j \notin T$，$j \in u$，那么就让 $\hat{D}(j)=\hat{D}(k)+d_{kj}$，$P(j)=k$，$T=T+\{j\}$，$u=u-\{j\}$。

第 4 步，如果终点 t 转为已标号点，则以 t 为终点的最短路径就已经找到。否则进入第 5 步。

第 5 步，如果 $T=\{\ \}$，结束，网络出现不完全连接。否则回到第 2 步。

3. 面状设施区位模型

1）问题定义

在满足约束条件下的区位最优选择问题，对于获取一个地块的目标设定可能是多元

的，如最小成本、最大利益、保持在一定的预算水平下或者是满足某种利益标准等。

2）问题的数学表达

（1）背包模型

$$\text{Max} \sum_i b_i X_i \tag{9.31}$$

约束条件

$$\sum_i c_i X_i \leq \mu \tag{9.32}$$

$$X_i = \{0 \quad 1\} \quad \forall i \tag{9.33}$$

（2）阈值模型

$$\text{Min} \sum_i c_i X_i \tag{9.34}$$

约束条件

$$\sum_i b_i X_i \geq \lambda \tag{9.35}$$

$$X_i = \{0 \quad 1\} \quad \forall i \tag{9.36}$$

3）模型应用

（1）点状设施区位模型的应用。已知8个连锁超市的位置及每天销售量，请确定为该8个超市供货的配送中心的最佳位置（表9.7）。

表9.7 8个连锁超市的位置及每天销售量

超市编号	位置坐标（x）	位置坐标（y）	销售
1	10	5	5
2	20	7	2
3	15	12	1
4	30	13	5
5	23	17	7
6	5	17	9
7	12	22	6
8	17	25	3

运用点状模设施区位模型

$$\begin{aligned}
\text{Minimize} \ &5\left[(X-10)^2+(Y-5)^2\right]^{0.5} + 2\left[(X-20)^2+(Y-7)^2\right]^{0.5} + \left[(X-15)^2+(Y-12)^2\right]^{0.5} \\
&+5\left[(X-30)^2+(Y-17)^2\right]^{0.5} + 7\left[(X-23)^2+(Y-17)^2\right]^{0.5} + 9\left[(X-5)^2+(Y-17)^2\right]^{0.5} \\
&+6\left[(X-12)^2+(Y-22)^2\right]^{0.5} + 3\left[(X-17)^2+(Y-25)^2\right]^{0.5}
\end{aligned} \tag{9.37}$$

求解该最佳位置的方法有两种：一种是借助相关的软件，如 LINGO；另一种是运用 Weiszfeld 迭代法。

（2）线状设施区位模型的应用。线状设施区位的最短路径分析可以借助 ArcInfo 软件实现。一般可解为以下五个部分：①影响因素的选择。对线性设施区位可能的影响因子主要有土壤类型、坡度、土地利用类型、土地覆盖、生态因素、交通因子、土地权属等。②适宜性分析，显示线状设施在不同区位的相对竞争性。③定义一个交通网络，在这个网络中各弧段的交通成本与该弧段经过的地区的适宜性相关。④运行最短路径模块，得到最小影响或最低成本路径。⑤分析其他可能的替代方案。

（3）面状设施区位模型的应用。已知有 16 个地块为备选地块，选择各个地块的所得利益和支付成本如表 9.8 所示。

表 9.8　各个地块的所得利益和支付成本

地块编号	1	2	3	4
	5	6	7	8
	9	10	11	12
	13	14	15	16
获取地块的利益	19.4	16.0	14.3	15.5
	15.8	13.7	13	14.1
	16.3	12.6	15.4	11.5
	13.4	16.8	13.4	10.9
获取地块的成本	5.1	2.1	4.4	4.9
	3.2	3.8	2.3	5.1
	2.2	5.1	6.4	1.8
	1.9	4.3	5.1	5.3

假设预算约束为 24，则在此预算约束下选择哪个地块或哪几个地块是最优的？运用背包模型

$$\text{Maximize } 19.4X_1 + 16X_2 + 14.3X_3 + 15.5X_4 + 15.8X_5 + 13.7X_6 + 13X_7 + 14.1X_8 \\ + 16.3X_9 + 12.6X_{10} + 15.4X_{11} + 11.5X_{12} + 13.4X_{13} + 16.8X_{14} + 13.4X_{15} + 10.9X_{16} \tag{9.38}$$

约束条件

$$5.1X_1 + 2.1X_2 + 4.4X_3 + 4.9X_4 + 3.2X_5 + 3.8X_6 + 2.3X_7 + 5.1X_8 + 2.2X_9 \\ + 5.1X_{10} + 6.4X_{11} + 1.8X_{12} + 1.9X_{13} + 4.3X_{14} + 5.1X_{15} + 5.3X_{16} \leqslant 24 \tag{9.39}$$

$$X_1 = \{0,1\},\ X_2 = \{0,1\},\ X_3 = \{0,1\},\ X_4 = \{0,1\},\ X_5 = \{0,1\}, \\ X_6 = \{0,1\},\ X_7 = \{0,1\},\ X_8 = \{0,1\},\ X_9 = \{0,1\},\ X_{10} = \{0,1\}, \\ X_{11} = \{0,1\},\ X_{12} + X_{13} = \{0,1\},\ X_{14} = \{0,1\},\ X_{15} = \{0,1\},\ X_{16} = \{0,1\} \tag{9.40}$$

假设最小利益要达到 110，则在此利益约束下选择哪个地块或哪几个地块是最优的？运用阈值模型

$$\text{Minimize} 5.1X_1 + 2.1X_2 + 4.4X_3 + 4.9X_4 + 3.2X_5 + 3.8X_6 + 2.3X_7$$
$$+5.1X_8 + 2.2X_9 + 5.1X_{10} + 6.4X_{11} + 1.8X_{12} + 1.9X_{13} + 4.3X_{14} + 5.1X_{15} + 5.3X_{16} \tag{9.41}$$

约束条件

$$19.4X_1 + 16X_2 + 14.3X_3 + 15.5X_4 + 15.8X_5 + 13.7X_6 + 13X_7 + 14.1X_8 + 16.3X_9$$
$$+12.6X_{10} + 15.4X_{11} + 11.5X_{12} + 13.4X_{13} + 16.8X_{14} + 13.4X_{15} + 10.9X_{16} \geqslant 110 \tag{9.42}$$

$$X_1 = \{0,1\}, \ X_2 = \{0,1\}, \ X_3 = \{0,1\}, \ X_4 = \{0,1\}, \ X_5 = \{0,1\}, \ X_6 = \{0,1\}, \ X_7 = \{0,1\},$$
$$X_8 = \{0,1\}, \ X_9 = \{0,1\}, \ X_{10} = \{0,1\}, \ X_{11} = \{0,1\}, \ X_{12} + X_{13} = \{0,1\}, \ X_{14} = \{0,1\}, \tag{9.43}$$
$$X_{15} = \{0,1\}, \ X_{16} = \{0,1\}$$

在 LINGO 求解上述两个模型的结果分别为预算约束 24 的情形下的最大利益可达 122.2，并且对应的地块选择分别是编号为 1,2,5,7,9,12,13,14 的地块。而利益约束为 110 的情形下的最小成本为 21100，并且对应的地块选择分别是编号为 1,2,5,7,9,13,14 的地块。

第二节　房地产区位认知实习方案

一、实习方案一——××大学城的商圈划分与商业房地产的区位选择

（一）实习目的与要求

1. 实习目的

（1）理解商圈的地域概念。

（2）掌握商圈的划分方法。

（3）熟悉区位理论与分析方法在商业房地产中的运用。

2. 实习要求

（1）数据来源真实可靠。

（2）模型分析与实际案例要契合。

（二）实习规程指引

1. 实习内容

考察××大学城商业聚集区，开展商圈划分和商圈饱和度分析，评估商圈内商业房地产的供需缺口，为商业房地产的区位选择提供建议。

2. 收集数据

收集商圈分析所必需的数据和资料，包括消费者和经营者两方面。

（1）消费者数据的收集要包括以下三类数据：一是基本属性数据，指年龄、职业、收入水平等；二是消费特征类数据，指消费者数量、月总消费水平，分商品种类的消费水平，购物地点偏好、购买频次、出行方式和出行时间等；三是消费者的空间属性，指消费者在空间上的位置及与商业中心的距离。

（2）经营者数据的收集包括：业态、经营商品种类、销售价格、营业面积、租金、销售额、店铺位置。

3. 商圈划分

（1）选择任何一种商圈划分模型对广州大学城各商业中心的市场区进行划分。

（2）在商圈划分时可以分商品种类划分单一商品的商圈，也可不分商品种类划分总体商圈。

（3）模型参数可通过实际调查数据的回归获得或者直接参考其他研究成果的经验取值。

4. 商圈饱和度分析

商圈饱和度分析常使用商圈饱和度指数，该指数实质上相当于单位营业面积上顾客的潜在消费额。该值越高表明销售潜力越大。

$$IRS_i = \frac{C_i \cdot RE_i}{RF_i} \tag{9.44}$$

式中，IRS_i 为商圈内某类商品或劳务的饱和指数；C_i 为商圈内需要该类商品或劳务的顾客数量（包括潜在顾客）；RE_i 为商圈内每位顾客平均购买该类商品或劳务的支出；RF_i 为商圈内分配给该类商品或劳务的营业场地总面积。

5. 商业房地产需求缺口分析思路

假如问题定义为某商圈是否存在商业房地产供需缺口，则基于商圈饱和度指数是无法回答的。回答类似问题，需要从消费者需求和经营者门槛需求两个方面考虑。以下分析供参考。

（1）从消费者方面看，消费者潜在需求=潜在顾客数量·人均消费额。

（2）从经营者方面看，经营者门槛需求是指经营者达到不亏本时所要求的最低营业额。但是从实际情况出发，任何能持续经营的条件是有一定的利润。因此，要估算经营者有一定利润情况下所要求实现的营业额。

经营者门槛需求=（经营者成本+商品利润）/营业面积

（3）在既能满足消费者需求，又能满足经营者有一定利润收入的情况下，存在一个理想的商业营业面积，把它定义为理论商业营业面积。

理论商业营业面积=消费者潜在需求/经营者门槛需求

（4）理论商业营业面积是一个估算值，它与实际的商业营业面积之间的差（或商）就是商业房地产的需求缺口。

商业房地产需求缺口=理论商业营业面积/实际商业营业面积（相对值表示）

商业房地产需求缺口=理论商业营业面积－实际商业营业面积（绝对值表示）

二、实习方案二——××市政策性住房的区位特征

（一）实习目的与要求

1. 实习目的

（1）识别居住房地产的区位因子。

（2）运用 GIS 方法开展居住房地产区位评价。

2. 实习要求

（1）数字化样本房地产及其相关的区位因子图层。

（2）运用空间分析方法，制作房地产的区位特征专题图。

（二）实习规程指引

1. 实习内容

采集某一类型居住房地产，如政策性住房、出租屋、别墅或公寓的地理信息。在地理信息系统软件中完成不同空间尺度的区位特征分析。

2. 实习步骤

（1）依据百度地图和样本地址进行数字化。

（2）数字化不同空间尺度意义上的区位因子。建议分城市、社区等不同尺度。

（3）采用缓冲区分析、叠置分析、网络分析等空间分析模块探讨样本的区位特征。

第十章　房地产项目定位

房地产项目定位是指房地产开发策划及经营者基于市场、技术和资金状况等一系列前提条件，采用科学方法，确定目标市场，构思房地产产品方案，明确项目在目标客户中的形象、地位，指定项目推广策略和方法及其他有关内容的过程。项目定位对于整个房地产项目的开发起着至关重要的指导作用。项目定位的主要内容包括目标客户定位、产品定位、价格定位三个方面。

第一节　项目定位的基本知识

一、目标客户定位

（一）目标客户

1. 概念

目标客户是指房地产产品销售所针对的那部分客户群体。在房地产市场，每个项目都需要根据特定的细分市场进行定位。主要包括：目标客户群的识别，目标客户群的地区分布、需求特征和承购力分析及潜在客户群的消费诱因和抗性。

2. 分类

若目标客户是个人，一般可以从来源、年龄、收入、职业、学历、家庭构成等方面进行划分。

1）来源

从地理空间角度进行划分，目标客户的来源可以分为项目所在片区（区级）、项目附近行政区（市级）、外围地区（市际及省级）、较远地区（全国范围内或目标客户为外国籍）。

2）年龄

年龄建议按 5 年为间隔从 25 岁开始划分，分为 25 岁及以下、26～30 岁、31～35 岁、36～40 岁、41～45 岁、46～50 岁、51～55 岁、56～60 岁、61 岁及以上九个类别。也可按照实际需要调整划分界点。

3）收入

按收入划分，可以分为高收入、中等收入和低收入人群。根据世界银行的研究，全球中等收入阶层的人均收入起点标准为 3470 美元，经购买力平价调整，约合 1.45 万元人民币。分析显示，现阶段我国城乡居民中等收入者的收入标准其"下限"为人均年收入 1.5 万元，"上限"为"下限"的 2.5 倍，即 3.75 万元，所以人均年收入低于 1.5 万元的为低收入人群，介于 1.5 万～3.75 万元的为中等收入人群，大于 3.75 万元为高收入人群。国家发展和改革委员会宏观经济研究院课题组在综合考虑目前城乡居民收入水平、达到全面小康时的城乡居民收入水平、城乡居民收入差距——城市化进程及国际参照标准等因素后，提出了界定中等收入的上下限，即个人年收入为 3.4 万～10 万元、家庭人均可支配收入为 1.8 万～5.4 万元、家庭年收入为 5.37 万～16 万元。因此，低于三个指标下限的为低收入，高于三个指标上限的为高收入。

4）职业

目标客户的职业属性包括客户从事的行业和职位。其中，行业可根据国家统计局统计标准的行业分类进行划分，而职位可以分为基层员工、中层干部、高级管理人员等。可通过相关行业的平均工资水平，估算目标客户的购买能力。

5）学历

按照我国的教育体制和人口统计学分类，客户的受教育程度可以划分为：初中及以下，高中，大学，研究生。一般而言，客户的受教育程度对客户需求特征具有一定的影响。

6）家庭构成

房地产是一种以家庭购买和消费的商品，所以，目标客户的家庭构成是房地产项目定位的重要影响因子。通常，家庭结构可分为以下类型：①核心家庭；②主干家庭；③联合家庭；④其他家庭。

3. 需求特征

不同的目标客户购房置业都有其鲜明而独特的需求特征，一般可以从购房动机、购买地段、心理价位、产品需求等方面进行描述。

1）购房动机

针对商品房而言，购房动机主要有结婚用房、改善用房、无自有房产需要购买、出于工作考虑、出于教育考虑、出于投资考虑等。

2）购买地段

城市范围内不同地段发展历史不同，导致不同地段的价值、便捷度、升值潜力等出现巨大差异。尽管各地发展各异，但是目标客户选择购买的地段通常可以笼统地划分为市中心地带、城市边缘地带、中心边缘过渡地带三种。

3）心理价位

随着房地产市场走势的起伏波动，目标客户的心理价位在其实际收入及可支配收入的基础上会出现不同程度的升降。当楼市普遍被看好时，心理价位一般较高。当然，不同类型的客户的心理价位是基于其现有收入基础及实际支出情况下的，过高或过低的心理价位不应视为合理的可参考的价位。

4）产品需求

对于目标客户而言的产品构成与类型，并不一定要具体到详细的面积、室内格局、装修等级、朝向、配套等。通常情况下，不同的目标客户在考察不同的项目之前，一般都会按照自己购房动机、实际需求、心理价位大致定下产品类型，再去对比不同的项目，寻求最优组合和最大相符性。因此，进行目标客户需求特征分析时，参考表 10.1 列出的主要产品需求。

表 10.1　不同客户类型产品需求表

	客户类型 1	客户类型 2	客户类型 3	客户类型 4	客户类型 5
面积范围					
室内格局					
朝向					
装修等级					
配套					
交通					
……					

（二）目标客户的识别

1. 产品架构初定

选定拟购买地块或拟开发地块之后，根据该地块在区域中的位置、交通、配套、周边同类项目销售情况、当前楼市行情等要素，勾勒初步的产品架构，包括产品的档次、间隔（户型）、装修标准等。

2. 目标客户购买能力估算

（1）利用市场比较法（或取周边同类项目单价的平均值）得出项目的估算单价，以元/m² 为单位。将估算单价乘以初定产品架构中不同间隔（户型）的面积，得到不同间隔（户型）的估算总价。

（2）计算在固定利率下，不同初定间隔的贷款等额分期偿还额。

（3）获取国家统计局、地方统计部门、行业协会公布的不同行业不同职位的月平均工资。根据实际生活情况，月供额占一个家庭的月收入的 30%～50%。同时，假设一个家庭中至少有两名家庭成员拥有工作并获得收入，则将估算月供额统一乘以 3 或 5 再除以 2，可得某间隔（户型）某一贷款期所必需的人均月收入。

（4）将所有估算的人均月收入结果与获取的实际月平均收入相比较，吻合度最高的就是该项目的初步目标客户（表 10.2）。

表 10.2　目标客户购买能力估算表

单价（元/m²）	总价（万元）	首期	月供	目标客户及家庭收入	特征描述

3. 目标客户的深入调研与确定

对区域内初步目标客户群进行抽样问卷调查或访谈，了解其年龄、职位、行业、家庭构成、收入、心理价位等基本情况及其意向的房地产项目、间隔（户型）要求、装修标准、配套和对本项目的感兴趣度等，排除没意向购买和与本项目基本框架相差较大的群体，确定最终目标客户。

二、产品定位

（一）产品定位原则

1. 适应性原则

产品定位必须迎合市场和行业发展的趋势，具体包含两层含义：一是与区域的社会经济发展水平和消费者收入水平相适应；二是与区域房地产市场需求相匹配。

2. 与企业发展战略和产品资源优势相一致原则

该原则要求在企业发展战略的框架下进行产品定位，使产品符合企业的核心能力，体现企业的竞争优势，实现企业的发展目标。同时，可以将项目独特的资源优势发挥出来。

3. 差异化原则

差异化是房地产企业的利润源泉，是避开市场正面竞争和建立新规则的重要手段，包括市场差异化、产品差异化和形象差异化等。

4. 经济学原则

该原则要求产品定位应具有较高的性价比，具有较高价格竞争力和抗价格变化风险的弹性。此外，在成本控制的基础上，做到效益最大化，使各项经济评价指标符合企业既定要求或行业水平。

5. 可行性原则

该原则要求产品定位时考虑项目实施的技术可行性和经济可行性。

（二）产品定位的论证要点

房地产产品定位，是指在项目市场分析和地块分析的基础上，根据潜在的目标消费者使用需求的特征，结合房地产特定产品类型的特点，对拟提供的房地产产品进行整体定位的过程。包括产品战略定位、产品市场定位、产品形象定位和产品功能定位四大部分（图10.1）。

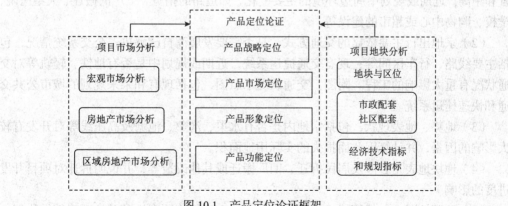

图 10.1　产品定位论证框架

1. 项目市场分析要点

1）宏观市场

宏观市场一般是指包括城市经济状况、人口、收入及支出、城市中长期规划发展目标等方面在内的宏观背景，具体到分项有 GDP 及增长率、固定资产投资、市区人口及增长率、人均可支配收入及增长率、消费性支出、城市中长期发展规划（经济、城市功能区域、人口规划及市政交通规划等）。

2）房地产市场

房地产市场一般重点从城市房地产市场总体供需、价格水平及发展趋势三大方面进行描述分析。

3）区域房地产市场

（1）区域房地产现状：描述区域房地产的市场供需、价格水平及在城市房地产市场的位置等基本状况。

（2）区域房地产市场特征：重点描述区域房地产市场的产品特征及走势、主力客户群体及消费分析。

（3）区域房地产市场竞争：指区域房地产市场产品（户型配比、面积区间、户型结构）、价格、营销方式等方面的竞争描述与分析（个案分析将采用表格的形式）。

（4）区域房地产市场个案分析：重点描述区域内在开发经典项目、直接竞争项目或销售状况较好的项目，重点对个案进行产品、价格、营销手法等方面的分析。

基于上述区域房地产市场四个方面的分析，明确区域市场现有产品特征，确定区域市场产品需求热点，准确定位区域市场的价格水平和走势等。

2. 项目地块分析要点

1）地块与区位

（1）地块位置：包括宗地所处城市、行政区域地理位置（包括是否是商业中心、文化中心、教育中心或行政中心等）。附图：项目在该城市的区位图，标记出宗地区域位置，与标志性市政设施、建筑物（如市中心商圈、机场等）的相对位置和距离、地段的定性描述（与主要中心区域办公/商务/政府的关系）、与厌恶型设施（污染源和危险源，如化工厂、高压线、放射性、易燃易爆物品生产或仓储基地、垃圾处理场等）的相对位置和距离。近期或规划中周边环境的主要变化，如道路的拓宽、工厂的搬迁、大型医院、学校、购物中心或超市的建设等。

（2）宗地出行主要依靠的交通方式，是否需要发展商自己解决；公交系统情况，包括主要线路、行车区间等；现有交通捷运系统，近期或规划中是否有地铁、轻轨等对交通状况有重大影响的工程。附图：交通状况示意图，包括现有和未来规划的城市公共交通和快速捷运系统。

（3）地势、地表现状，包括宗地内是否有水渠、沟壑、池塘及高压线等对开发有较大影响的因素，并计算因此而损失的实际用地面积。

（4）地块地表是否涉及居民拆迁、旧厂搬迁或其他改造等，并说明拆迁对项目开发进度的影响。

（5）地下情况，包括管线、电缆、暗渠、地上建筑物原有桩基及地下建筑结构等，地上地下都要注意有没有受保护的历史文物古迹、可利用的构筑物。

（6）土地地形及完整性，地形是否规整，是否有市政代征地、市政绿化带、市政道路、名胜古迹、江河湖泊等因素分割土地。附图：平面地形图，标记四至范围及相关数据；地形地貌图，主要反映宗地地面建筑、河流、沟壑、高压线等内容；地下状况图，包括地下管线、暗渠、电缆等。

2）项目配套

（1）项目周边社区配套。一般是指项目辐射范围（3km）内的教育（大中小学及教育质量情况）、医院、购物（大型购物中心、主要商业和菜市场）、邮局、休闲（文化、体育、娱乐、公园等设施）、银行及其他配套设施。附图：生活设施分布图，标记具体位置、距离。

（2）项目市政配套。说明项目的道路、上水、下水、电信、水、暖、电、气等基础市政配套情况，一般重点需要说明的是道路现状及规划发展，包括现有路幅、规划路幅、规划实施的时间，与宗地的关系（影响），即距宗地距离、接入的可能性等。

3）主要经济技术指标

经济技术指标主要包括项目的基本用地情况（总占地面积、代征地面积、净用地面积、绿化面积、道路面积）、建筑面积（住宅建筑面积、公建建筑面积，公建的内容，并区分经营性和非经营性公建的面积）、容积率、建筑密度、控高、绿化率及其他规划指标，特别需要说明的是关键性或难度较大的指标对项目规划、建设的影响。

3. 产品定位论证要点

1）战略定位

战略定位是从产品对企业发展的意义出发所进行的宏观定位。往往体现企业的价值观，是房地产产品开发的指导性目标。

2）市场定位

一般采用三维交叉法进行市场定位。三维交叉法是指项目所能（本项目能提供怎样的产品）、市场竞争者所缺（被忽视的细分市场在哪里）、区域市场所需（市场需求有哪些）三大模块的交集，是该产品的目标市场所在，也是市场定位所在。

3）形象定位

形象定位是产品外化的过程，这种外化就是要通过建筑、环境、服务、营销、活动、标识等外在载体建立产品形象。形象定位一方面源自产品自身的特点；另一方面也要与所在城市的建筑特点、历史文化底蕴相结合，并且符合市场主流审美观点。

4）功能定位

房地产产品的基本功能是为人类的生活或生产活动提供空间。从满足需求的角度出发，房地产产品的功能定位包括用地功能定位、户型面积配比定位和附属设施功能定位三方面。

用地功能定位是在房地产项目建设红线范围内，确定住宅建筑、公共建筑、道路、管网和绿地等各构成部分的合理层次与关系，对各构成部分的占地面积进行划分，对建筑群体布局作出规定。

户型面积配比定位是针对建筑内部空间而言的，在目标客户的需求分析基础上对户型和面积比例进行量化，一般按照迎合主流、适当超前的原则进行定位（表10.3）。

表 10.3　户型面积配比表

户型	面积（m²）	比例	平面形式
二房二厅	80～110	19%	平面
三房二厅	100～125	30%	平面
	130～145	20%	平、错层
四房二厅	145～175	25%	平、错层
五房三厅	180～280	6%	复、跃复合体

　　附属功能定位的目的是体现项目内在价值，营造楼盘个性，形成较强的差异性，可从建筑风格、居家设计、服务理念、生活方式、社区环境、文化品位等方面切入。

　　功能分明、户型合理是房地产项目开发的基本要求，而附属功能是房地产项目的非基本功能，但往往也是项目特色形成的支撑点。因此，在产品功能定位中需要寻找产品功能、美观和价格的平衡点。

三、价格定位

（一）房地产价格的构成

　　房地产价格是房屋建筑物和建房地块价格的综合表现，一般由以下费用构成。

　　（1）房地产成本。房地产成本主要包括以下七项费用：①基地开发费（如征地费、青苗补偿费、菜田建设费、劳动力安置费、生活补助费、私房补偿费、临时房屋搭建费、搬迁障碍费、平整土地费等）；②勘察设计费（如工程勘察费、工程设计费、办理审批的有关费用等）；③动迁户用房及建筑安装工程费（如临时安置过度和搬家补助费等）；④房屋建筑安装工程费（一般按照施工图预算或竣工决算计算）；⑤市政配套设施费（公用设施的供水、电、气、通信、排污、道路、绿化等费用）；⑥管理费（公司职工工资、差旅费、车辆使用费、广告费、公证费、保险费、诉讼费等。管理费总额一般以上述①～⑤项费用为基数，取其1%～3%计算）；⑦贷款利息。

　　（2）税金。房地产商品价格中的税金部分主要包括土地增值税、契税、营业税、城市维护建设税、教育附加费等。

　　（3）其他附加费，主要指人防工程费、住宅建设市基础设施大配套费等。

　　（4）土地使用税。属于固定税额的税种，按照城市规模的不同每年税率为 1.5～30 元/m²。

　　（5）利润。一般取房地产预算成本的 3%～30%。

　　（6）其他影响房地产价格的因素，如房屋装修费、房屋设备费、房屋附属设施费用等。

（二）房地产产品价格定位方法

1. 成本导向定价法

　　该法基本思路是，在定价时首先考虑收回企业在生产经营中投入的全部成本，然后加上一定的利润。它包括以下四种定价方法。

1）成本加成定价法

在单位产品成本（含税金）的基础上，加上一定比例的预期利润作为产品的售价。其计算方式为

$$单位产品价格=单位产品成本·（1+加成率）$$

其中，加成率为预期利润占产品成本的百分比。

优点：计算方便，简化定价工作，不必经常依据情况作调整，在正常稳定的环境下即可保证正常的利润。缺点：不利于开发商控制开始成本，没有考虑市场承受能力，有可能形成销售压力。其加成率确定的关键在于对行业状况和产品特色的正确把握。

2）目标收益定价法

目标收益定价法又称目标利润定价法，或投资收益率定价法。它是在项目投资总额的基础上，按目标收益率的高低计算售价的方法。其计算步骤如下。

（1）确定目标收益率。可选投资收益率、成本利润率、销售利润率、资金利润等。

（2）确定目标利润。可选取总投资额·目标投资利润率、总成本·目标成本利润率、销售收入·目标销售利润率、资金平均占用额·目标资金利润率其中之一。

（3）计算售价。

$$单位产品价格=（总成本+目标利润）/预计销售量$$

优点：保证企业既定目标利润的实现。缺点：以预估的销售量来制定价格，颠倒了价格与销量的因果关系，忽略了市场需求和竞争。

3）盈亏平衡定价法

在销量既定的条件下，企业产品的价格必须达到一定水平才能做到盈亏平衡、收支相抵，这个既定的销量就称为盈亏平衡点。以盈亏平衡点为基础制定价格的方法就是盈亏平衡定价法。科学地预测销量和已知固定的成本、变动成本是盈亏平衡定价的前提。定价后企业产品的销量达到盈亏平衡点，可实现收支平衡，超过该点就能盈利；不足该点则出现亏损。其计算公式为

$$单位产品价格=开发成本/盈亏平衡点销售量$$

或

$$单位产品价格=单位固定成本+单位变动成本$$

优点：以盈亏平衡点确定的价格只能使企业的开发成本得到补偿，而不能获得收益。因而这种定价方法适合销售困难或竞争激烈时使用，以避免更大的损失。缺点：以此方法计算出来的产品价格所含利润较低甚至为零，不能为企业带来可观的收益。

4）边际成本定价法

以单位产品变动成本作为定价依据和可接受价格的最低界限，结合边际贡献（产品卖价减去边际成本）来制定价格，即企业定价时只要所定价高于单位产品的变动成本，就可以进行生产与销售，以预期的边际贡献补偿固定成本，并获得收益。其计算公式为

$$单位产品的价格=单位产品变动成本+单位产品边际贡献$$

优点：改变了售价低于总成本便拒绝交易的传统做法，只要存在边际贡献即可销售，这极大地增强了企业竞争力。缺点：与盈亏平衡定价法相似，并不能为企业带来可观的收益。

2. 需求导向定价法

需求导向定价法是指以消费者需求为中心，依据买方对产品价值的理解和需求强度而非依据卖方的成本来定价。其主要分为理解价值定价法和区分需求定价法两种。

1）理解价值定价法

理解价值也称"感受价值"或"认识价值"，是消费者对于商品的一种价值认知，实际上是消费者对商品的质量、用途、款式及服务水平的评估。在运用该法之前，首先应当估计和测量营销组合中的非价格因素在消费者心目中的作用。该法的主要步骤是：①通过信息传递和反馈确定顾客的认知价值；②根据顾客的理解程度决定商品的初始价格；③预测商品的销售量；④预测目标成本和销售收入；⑤确定定价方案的可行性，进行价格决策。

优点：可以与现代产品定位思路很好地结合起来，若能准确把握消费者对商品价值的认知度，则销售情况较理想。缺点：需要花费较大精力和人力对消费者的认知进行调查，以及对产品性能、用途、质量、品牌、服务等方面的宣传。

2）区分需求定价法

房地产产品的发售可根据不同需求强度、消费取向、购买能力、购买地点、购买时间等因素，形成不同的售价。对于开发商而言，同一种建筑标准、规格、外部环境的产品，可以根据楼层数、朝向、开间等，形成朝向差价、楼层差价、边间差价、面积差价、视野差价、建材差价、口彩差价等。

优点：适合于个性化较强的房地产产品。缺点：有可能使同一个项目的不同产品的售价相差过大，不利于项目的整体价格确定和定位。

3. 竞争导向定价法

以竞争者的价格为基础，根据竞争双方的力量对比和竞争产品的特色，制订相对偏低、偏高或相同的价格参与竞争，以达到增加利润、扩大销售量或赢得高市场占有率等目标。通常有以下两种方法。

1）随行就市定价法

该法指企业按照行业的评价价格水平来制定自己的产品价格。

优点：适用于产品特色不强、产品成本难以预测、竞争对手不确定、企业竞争能力弱、不愿打乱市场正常秩序等情况，比较受中小房地产企业的欢迎。缺点：由于价格没有强烈的区别度，容易造成购买者对产品认识不足，从而影响销售。

2）直接竞争定价法

该法是指企业依靠自身较强实力，以低于竞争产品的价格发售，排挤竞争者，达到提升市场占有率的目的。又或者，若产品特色显著，卖点多，成本高，则以高于竞争对手的价格发售，提升产品档次，避开直面的竞争，夺取不同层次的消费者群体。

4. 单元价格定位方法

房地产商品的特殊性，同一幢楼里的各个单元的价格各不相同，这是因为各个单元的效用不同。效用高消费者就愿意支付较多的费用；效用低消费者就愿意支付较低的费用。因此，在制定出一个小区的基准价格之后，还需要对各个单元进行价格调整。

$$调整系数=调整价格÷基准价$$

1）价格调整系数

（1）根据各栋楼位置的差异制定不同的价格水平，用位置系数表示。

（2）根据楼宇景观的差异制定不同的价格水平，用景观系数表示。

（3）根据同一栋楼内住宅单元的层次差异制定不同的价格水平，用垂直系数表示。

（4）根据各栋楼的分摊系数的差异制定不同价格水平，用分摊系数表示。

（5）根据户型功能的差异制定不同价格水平，用户型系数表示。

2）各单元综合系数

各单元综合系数如表 10.4 所示。

表 10.4　各单元综合系数

系数 单元	位置系数	景观系数	垂直系数	户型系数	分摊系数	小计	总计

第二节　房地产项目定位实习方案

一、实习目的与要求

（一）实习目的

掌握房地产项目定位的分析要点和论证方法。依据房地产项目定位原则，针对某房地产项目完成房地产项目定位论证。

（二）实习要求

（1）能根据具体项目要求制订产品定位工作流程。

（2）熟悉运用产品定位方法，识别某房地产项目的目标客户、论证房地产项目产品定位、制定房地产项目的价格策略。

（3）完成某房地产项目的产品定位分析报告。

二、实习规程指引

（一）实习内容

选择一住宅楼盘作为实习考察标的物，收集相关资料，制订楼盘定位方案。

（二）实习步骤

1. 实习项目的选取

建议选取拟出让地块、已出让地块或未开始施工的项目作为实习项目。也可以选取已建楼盘为实习项目。若选择未建成楼盘，则可增加实习场景的真实性，利于主观创造性的发挥。若选择已建楼盘，现实楼盘则提供了检验虚拟方案的对照版本，有利于学习现实楼盘定位中的经验和发现现实楼盘定位中的不足。

2. 实习计划和流程的制订

分组制订实习计划和工作流程，包括任务分解、时间进度和内外业工作安排。

3. 产品定位的实施

（1）通过网络、报告、统计等途径收集和整理房地产项目相关的社会经济数据。

（2）通过现场调研、访谈等获得房地产项目一手资料。

（3）基于上述资料和数据完成项目市场分析和项目地块分析，完成文字论述和相应的图件制作。

（4）依据目标客户群的识别办法，确定实习项目的目标客户群，并进一步分析客户需求特征。

（5）依据产品定位的原则，构想产品整体定位。

（6）使用两种以上产品定价方法制定实习项目的价格策略。

4. 交流与总结

对不同小组的定位方案报告，学生、老师和房地产产品策划从业人员对其进行点评。总结房地产项目定位的内外业实习工作要点、遇到的问题和有效的工作经验。

第十一章 房地产测绘

第一节 房地产测绘基本知识

一、概述

房屋建筑和房屋用地是人类生产和生活的重要场所，是人类赖以生存的基本物质要素。房产测绘主要是采集和表述房屋建筑和房屋用地的有关信息，为房产产权、产籍管理、房地产开发利用、交易、征收税费，以及城镇规划建设提供数据和资料。

（一）房地产测绘的概念

房地产测绘是运用测绘技术及手段，遵循国家和地方有关的法律法规，执行国家和地方的有关技术标准、规定，确定房屋、土地的位置、权属、界线、质量、数量和现状等，并以文字、数据及图件表示出来的工作。简单说，就是测定和调查房屋与土地的自然状况与权属状况的一项专业测绘活动。

（二）房地产测绘的目的

通过房地产测绘获取房屋建筑、房屋用地的有关图件、信息和资料，用于房产确权和房屋管理。

房屋属于不动产，《中华人民共和国物权法》（以下简称《物权法》）对不动产的所有权规定了严格的登记制度。国土、规划部门对于土地利用与房屋建设有着严格的监管制度。房屋产权的变更，包括转让、继承、赠与等行为均涉及税费的征收。上述的管理行为都需要房产测绘成果为基础。

（三）房地产测绘相关的法律法规

房地产测绘属于测绘范畴，所以，同样要遵循测绘界中的相关法律法规，主要有《中华人民共和国测绘法》、《中华人民共和国测绘成果管理条例》、《测绘市场管理暂行办法》、《测绘生产质量管理规定》、《房产测绘管理办法》、《广州市测绘管理办法》、《房产测量规范》。

（四）申请委托测量

（1）委托测绘，申请人可以为房屋权利申请人、房屋权利人、其他利害关系人，但不是权利人申请测绘，必须进行公正。

（2）受委托方为具有"房产测绘"资质的测绘单位，丙丁级就可以从事房产测绘，但产权测绘一定为当地行政主管部门指定的测绘单位。

（3）申请委托测量的房屋包括以下几种情况：①申请产权初始登记的房屋；②自然状况发生变化的房屋；③房屋权利人或者其他利害关系人要求测绘的房屋。

（五）房地产测绘的种类

（1）房地产基础测绘：指公益性的基础图件（包括平面控制测量、地籍图数据测绘），该图也称为地籍图。

（2）房地产项目测绘：包括房地产权属管理、经营管理、开发管理所涉及的分丘图、分户图、面积表、相关数据。

（六）三种房产图

房产权证附图就是房产测量的平面附图，房产平面附图是房产测量的成果之一，如何认识房产权证附图？根据要求、作用的不同可分以下几种图件。

房地产测绘的最终目的是获取以下三种图件。

（1）房地产分幅平面图（也叫地籍图）：用于房产编号和房地产要素的获取，是全面反映房屋及其用地的位置和权属等状况的基本图，是下面两种图的基本图（图11.1）。

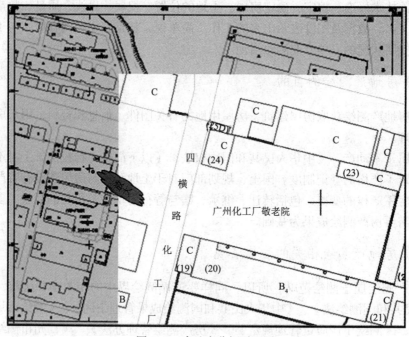

图 11.1　房地产分幅平面图

（2）分丘（宗）平面图：以产权人的房屋、用地的权属使用范围为单位，是分幅平面图的局部图，是绘制房产证附图的基本图（图11.2 和图11.3）。

座落	同福西路环珠直街#7			图幅地号	D1217—3—439			套内建筑面积	98.6706
建筑种类	(共)用地面积	42.1774	C	11.2092				共有分摊面积	0.0000
层数面积	双基面积	42.1774	C₂	30.9682				单元总建筑面积	98.6706
(m²)	总建筑面积	98.6706	第二层阁楼有效面积25.5250						

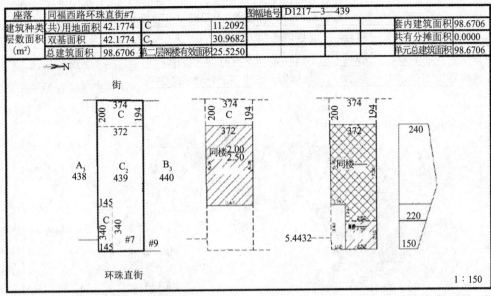

图 11.2　独立房屋的分丘（宗）平面图

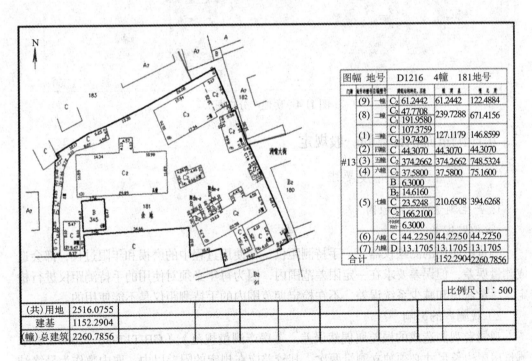

图幅 地号		D1216　4幢　181地号		
门牌	幢（栋）/层号	房屋结构种类、层数	建筑基地	建筑占地
(9)	一幢	C₂ 61.2442	61.2442	122.4884
(8)	二幢	C₂ 47.7708 C₃ 191.9580	239.7288	671.4156
(1)	三幢	C 107.3759 C₂ 19.7420	127.1179	146.8599
(2)	四幢	C 44.3070	44.3070	44.3070
#13 (3)	五幢	C₂ 374.2662	374.2662	748.5324
(4)	六幢	C₂ 37.5800	37.5800	75.1600
(5)	七幢	B 6.3000 B₂ 14.6160 C₂ 23.5248 C₂ 166.2100 不封闭阳台 6.3000	210.6508	394.6268
(6)	八幢	C 44.2250	44.2250	44.2250
(7)	九幢	D 13.1705	13.1705	13.1705
合计			1152.2904	2260.7856

比例尺　1∶500

(共)用地	2516.0755			
建基	1152.2904			
(幢)总建筑	2260.7856			

图 11.3　大院式房屋的分丘（宗）平面图

（3）分层分单元平面图：以一户产权人为单位，表示房屋权属范围的细部图，是在分丘（宗）平面图基础上绘制的细部图（图 11.4）。

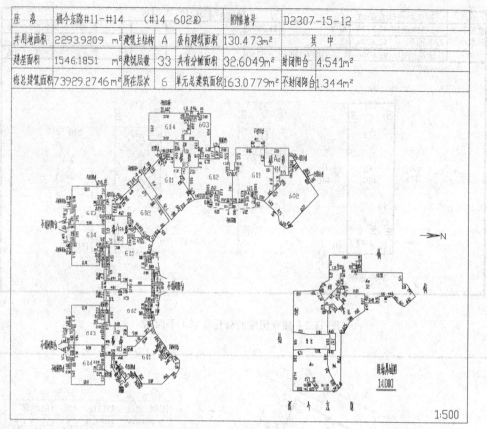

座落	福今东路#11-#14	(#14 602房)	图幅地号	D2307-15-12	
共用地面积	2293.9209 m²	建筑主结构 A	套内建筑面积	130.473m²	其中
建基面积	1546.1851 m²	建筑层数 33	共有分摊面积	32.6049m²	封闭阳台 4.541m²
栋总建筑面积	73929.2746 m²	所在层次 6	单元总建筑面积	163.0779m²	不封闭阳台 1.344m²

图 11.4　房地产分户图

二、房产测量面积计算的一般规定

（一）测量误差与精度要求

1. 产生测量误差的原因

1）仪器误差

测量中使用的测绘仪器——手持测距仪，在使用过程中的磨损和年限过长，都会造成测量误差，但误差要求在一定限差范围内，因为每年必须对使用的手持测距仪进行检定，尽量避免和减少系统误差，不在检定期范围内的手持测距仪是不能使用的。

2）观测者的影响

观测者观测造成的误差属偶然误差。《房产测量规范》（GB/T17986—2000）要求测量房屋边长尺寸必须独立测量两次，其较差应在规定的限差以内，取中数作为最终结果，出现粗差应立即重新测量。

3）周围环境的影响

测量房屋时，周围的环境有意想不到的情况，如天气、障碍物等不可阻挡造成的误差。天气会造成热胀冷缩的结果，一般都会在限差范围内。障碍物会造成测量不方便，产生粗差，但重复测绘会控制在一定的限差范围内。

2. 房产测绘成果的精度要求

《房产测量规范》规定以中误差作为评定精度的标准，以 2 倍中误差作为限差。房产面积的精度分为三级，各级面积的限差和中误差在该国标中有详细记载。目前广州市采取第二级，具体公式如下。

（1）面积限差公式

$$\Delta S = \pm \left(0.04\sqrt{S} + 0.002S \right)$$

式中，S 为面积；ΔS 为面积限差。

（2）边长限差公式

$$\Delta D = \pm \left(0.028 + 0.0014D \right)$$

式中，D 为边长；ΔD 为边长限差。

（二）房屋面积测算有关概念

1. 房屋的建筑面积

房屋建筑面积指房屋外墙（柱）勒脚以上各层的外围水平投影面积，包括阳台、挑廊、地下室、室外楼梯等，且具有上盖，结构牢固，有实际使用功能，层高 2.20m 以上（含 2.20m）的永久性建筑。

2. 房屋的产权面积

房屋产权面积指产权主依法拥有房屋所有权的房屋建筑面积。

3. 房屋的套内建筑面积

成套房屋的套内建筑面积由三部分组成：套内房屋的使用面积；套内墙体面积；套内阳台建筑面积。

（1）套内房屋使用面积为套内使用空间的面积，以水平投影面积按以下规定计算：①套内使用面积为套内卧室、起居室、过厅、过道、厨房、卫生间、储藏室、壁柜等空间面积的总和。②套内楼梯按自然层数的面积总和计入使用面积。③不包括在结构面积内的套内烟囱、通风道、管道井均计入使用面积。④内墙面装饰厚度计入使用面积。

（2）套内墙体面积是套内使用空间周围的维护或承重墙体或其他支撑体所占的面积。其中，①套内的自有墙体按水平投影面积全部计入套内墙体面积。②各套之间的分隔墙、套与公共建筑空间的分隔墙、外墙等共有墙均按水平投影面积一半计入套内墙体面积。

（3）套内阳台建筑面积：套内阳台建筑面积和均按阳台外围与房屋外墙之间的水平投影面积计算。其中，①封闭阳台按水平投影面积全部计算建筑面积。②未封闭阳台按水平投影面积一半计算建筑面积（图 11.5）。

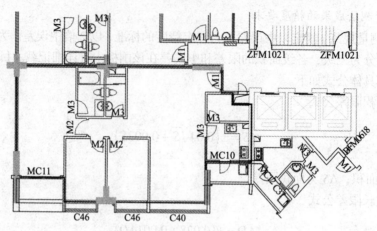

图 11.5　套内结构建筑大样图

4. 相关概念

在弄清楚房地产测绘之前，必须先搞清楚以下概念：①层高，是指地面到楼面、楼面到楼面、楼面到屋面之间的垂直距离。②房屋层数是指房屋的自然层数。③建筑物，一般指主要供人们进行生产、生活或其他活动的房屋或场所。④构筑物，是指人们一般不直接在内进行生产、生活活动的建筑物。⑤用地面积，指产权人使用土地的范围。⑥建基面积，即房屋建筑基底面积。⑦总建筑面积，指各层建筑面积的总和。⑧共用地面积，是指两个以上产权人共同使用的不能分割的土地范围的面积。⑨房屋的共有建筑面积，指由多个产权主共同占有或共同使用的建筑面积。⑩商品房销售面积，是以规划报建图及其报建审批的文件为依据，进行面积测算的。其成果用于签定商品房买卖契约。⑪房产的产权面积，是依据竣工后房屋的实际状况，对房屋面积进行实测和面积计算，并经权属登记部门依法确认后的面积。

（三）计算房屋建筑面积的有关规定

房产测量最终目的就是计算房屋的建筑面积，如何计算，怎样计算，现按《房产测量规范》规定如下。

1. 计算全部建筑面积的范围

（1）永久性结构的单层房屋，按一层计算建筑面积；多层房屋按各层建筑面积的总和计算。

（2）房屋内的夹层、插层、技术层及其梯间、电梯间等其高度在 2.20m 以上部分计算建筑面积。

（3）穿过房屋的通道，房屋内的门厅、大厅，均按一层计算面积。

（4）门厅、大厅内的回廊部分，层高在 2.20m 以上的，按其水平投影面积计算。

（5）楼梯间、电梯（观光梯）井、提物井、垃圾道、管道井等均按房屋自然层计算面积。

（6）房屋天面上，属永久性建筑，层高在 2.20m 以上的楼梯间、水箱间、电梯机房及斜面结构屋顶高度在 2.20m 以上的部位，按其外围水平投影面积计算。

（7）挑楼、全封闭的阳台按其外围水平投影面积计算。

（8）与房屋相连的有柱走廊，两房屋间有上盖和柱的走廊，均按其柱的外围水平投影面积计算。

（9）属永久性结构有上盖的室外楼梯，按各层水平投影面积计算。

（10）房屋间永久性封闭的架空通廊，按外围水平投影面积计算。地下室、半地下室及其相应出入口，层高在 2.20m 以上的，按其外墙（不包括采光井、防潮层及保护墙）外围水平投影面积计算。

（11）有柱或有围护结构的门廊、门斗，按其柱或围护结构的外围水平投影面积计算。

（12）玻璃幕墙、金属幕墙等作为房屋外墙的，按幕墙外围水平投影面积计算；既有主墙，又有幕墙的，以主墙为准计算建筑面积，墙厚按主墙体厚度计算，各楼层墙体厚度不同时，分层分别计算。

（13）属永久性建筑有柱的车棚、货棚等按柱的外围水平投影面积计算。

（14）依坡地建筑的房屋，利用吊脚做架空层，有围护结构的，按其高度在 2.20m 以上部位的外围水平面积计算。

（15）有伸缩缝的房屋，若其与室内相通的，伸缩缝计算建筑面积。

2. 计算一半建筑面积的范围

（1）与房屋相连有上盖无柱的走廊、檐廊，按其围护结构外围水平投影面积的一半计算。

（2）独立柱、单排柱的门廊、车棚、货棚等属永久性建筑的，按其上盖的水平投影面积的一半计算。

（3）未封闭的阳台、无柱走廊，按其围护结构水平投影面积的一半计算。

（4）无顶盖的室外楼梯按外围水平投影面积的一半计算建筑面积。

（5）有顶盖不封闭的永久性的架空通廊，按外围水平投影面积的一半计算。

3. 不计算建筑面积的范围

（1）房屋之间无上盖的架空通廊。

（2）层高小于 2.20m 以下的夹层、插层、技术层和层高小于 2.20m 的地下室和半地下室。

（3）突出房屋墙面的构件、配件、装饰柱、装饰性的玻璃幕墙、垛、勒脚、台阶、无柱雨篷等。

（4）房屋的天面、挑台、天面上的花园、泳池。

（5）建筑物内的操作平台、上料平台及利用建筑物的空间安置箱、罐的平台。

（6）骑楼、过街楼的底层用作道路街巷通行的部分。

（7）利用引桥、高架路、高架桥等路面作为顶盖建造的房屋。

（8）活动房屋、临时房屋、简易房屋。

（9）独立烟囱、亭、塔、罐、池、地下人防干、支线。

（10）与房屋室内不相通的房屋间伸缩缝。

（11）临街楼房、挑廊下的底层作为公共道路街巷通行的，不论其是否有柱，是否有维护结构，均不计算建筑面积。

（12）楼梯下方的空间，楼梯已计算建筑面积的，其下方空间不论是否利用均不再计算建筑面积。

（13）与室内不相通的类似于阳台、挑廊、檐廊的建筑，不计算建筑面积。

（四）用地面积测算

用地面积以丘为单位进行测算，包括房屋占地面积、其他用途的土地面积测算、各项地类面积的测算。下列土地不计入用地面积：①无明确使用权属的冷巷、巷道或间隙地。②市政管辖的道路、街道、巷道等公共用地。③公共使用的河涌、水沟、排污沟。④已征用、划拨或者属于原房地产证记载范围，经规划部门核定需要作市政建设的用地。⑤其他按规定不计入用地的面积。

（五）计算实例

图 11.6 是已测绘好的房屋平面图，根据标注的尺寸，按计算面积的有关规定计算该房屋的用地、建基及总建筑面积。

房屋结构面积的计算

A4:　　　　　$5.81 \times 9.01 = 52.3481$
A3:　　　　　$4.53 \times 9.12 = 41.3136$
骑楼 A3:　　　$3.12 \times 9.12 = 28.4544$
飘楼 A3:　　　$2.13 \times 9.01 = 19.1913$
阳台 2:　　　 $1.41 \times 3.41 = 4.8081$
天井:　　　　 $3.31 \times 9.01 = 29.8231$

房屋的用地、建基及总建筑面积计算

建基面积 ＝A4＋A3＋骑楼 A3
　　　　　＝52.3481＋41.3136＋28.4544＝122.1161

图 11.6　实测好的房屋平面图

用地面积　＝A4＋A3＋骑楼 A3＋天井 ＝ 建基＋天井
　　　　　＝122.1161＋29.8231＝151.9392

总建筑面积　＝A4×4 ＋ A3×3 ＋ 骑楼 A3×2 ＋ 飘楼 A3×3＋不封闭阳台×2×0.5
　　　　　　＝52.3481×4＋41.3136×3＋28.4544×2＋19.1913×3＋4.8081×2×0.5
　　　　　　＝452.624

三、房屋共有建筑面积的分摊计算

房屋单元的建筑面积是套内建筑面积与房屋共有建筑面积分摊之和（从图 11.7 不难看出一幢大楼各种面积的分布），但房屋共有建筑面积分摊如何得到，是进行房地产测绘的关键问题，也是引起信访纠纷的关键问题。接下来简单介绍整幢大楼共有建筑面积的分摊原则和内容，具体计算时很复杂，可参照《房产测量规范》进行系统学习。

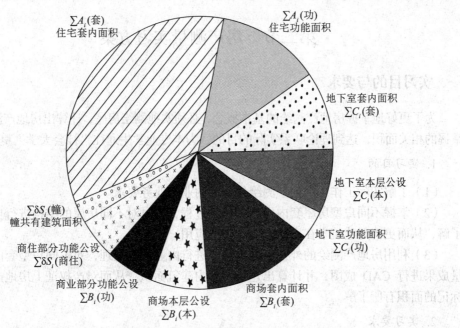

图 11.7　一幢大楼建筑面积的构成

（一）共有面积的分摊原则

（1）产权各方有合法权属分割文件或协议的，按文件或协议规定执行。

（2）无产权分割文件或协议的，按相关面积比例进行计算分摊。

（二）共有建筑面积的内容

1. 应分摊的共有建筑面积

（1）应分摊的共有建筑面积包括：楼梯间、电梯井、管道井、垃圾道、公共走廊、公共门厅、公共大厅、变电房、水泵房、水箱间、值班警卫房（本幢）、专用设备房、为整幢大楼服务的公共用房等。

（2）套（单元）与共有建筑面积之间分隔墙体，以及外墙（包括山墙）水平投影面积的一半。

2. 不应分摊的共有建筑面积

（1）作为人防工程的地下室、避难室（层）。

（2）用作公共休憩、绿化等场所的架空层。

（3）大楼内的机动、非机动车库。

（4）为建筑造型而建，但无实用功能的建筑面积。

（5）违章建的公共建筑面积。

（6）为多幢服务的管理用房。

不应分摊的共有建筑面积，若使用到其他功能的共有建筑面积时，需按其建筑面积比例参与分摊。

第二节　房产测量实习方案

一、实习目的与要求

为了更好地掌握房地产测绘的基本概念，必须实地测绘房屋，计算出房地产测绘必须掌握的相关面积，达到理论联系实际的目的，为本专业学生通往"社会大学"奠定基础。

1. 实习目的

（1）了解实际工作中房地产测绘外业和内业的业务要求。

（2）掌握不同户型房屋套内面积的测量过程，同时对不同房屋的结构进行更深入地了解，从而更清楚建筑学在房地产测绘中的应用。

（3）利用房地产测绘的外业测绘数据，进行内业数据处理，对不同户型套内面积测量成果进行 CAD 成图，并计算出建筑物套内建筑面积，从而对产权证上房地产附图所标记的面积有所了解。

2. 实习要求

（1）现场实习根据班级、人员及激光测距仪的数量进行小组分配，一组 10 人左右，分工合作，有记录的，有测量的，有次序地按组数分次进行实地测量。

（2）测量时应认真听老师的讲解，并按以下几点完成实地房屋的测量：①进行房屋的测量，了解测量的步骤。②画出所要测量房屋的草图。③将建筑学的知识应用到房地产测绘中。④判断墙界，自墙、借墙、共有墙；在单元式房屋测绘时，墙界都以共有墙出现；在私房测量时，才会出现自墙或借墙。⑤根据测量数据完成 CAD 图制作，并计算出房屋的套内面积。

二、实习规程指引

1. 实习内容

完成三种以上不同户型住宅房屋的套内面积测算。

2. 实习准备

实习前请做好以下准备。

（1）认真学习理论知识学习并理解。

（2）了解激光测距仪的使用方法。

（3）对建筑学中房屋平面图进行理解，为现场画草图做好准备。

（4）进一步了解 CAD 软件的使用，为画出房地产平面图做好准备。

3. 实习步骤

按老师指定地址，准时到达测量现场，按预先分好的小组在老师讲解后进行分组测量，目的是测绘出指定房屋的套内建筑面积。

（1）现场踏勘房屋，了解要测房屋的外围情况。

（2）根据现场踏勘画出房屋的外围轮廓图。

（3）根据套内面积计算的规定，明确不同房屋不同部位的面积测量规则，对该算全部建筑面积的、一半建筑面积的和不该算建筑面积的有明确态度。

（4）现场对测量出来的边长进行相应的平差计算，不要出现明显的粗差，造成无法内业处理。例如，对规则图形来说，前后、左右的尺寸要进行平差；有粗差要马上重新进行测绘。

（5）将测绘出的房屋尺寸带回，在 CAD 软件的帮助下，绘出房屋图形，并计算出房屋的套内建筑面积。

4. 实习注意事项

（1）在实测过程中，为了保持一定的测量精度，建议对每条边重复测量两次（《房产测量规范》中也是这样规定），并记录其平均数。

（2）规则图形通过前后、左右边长的闭合差的检查，若发现测量中可能出现的粗差，需马上进行重测。

第十二章　物业经营与管理

第一节　基本理论知识

一、物业与物业管理

（一）定义

物业是指已经建成并投入使用的各类房屋及其与之相配套的设备、设施和场地。物业管理是指业主通过选聘物业服务企业,由业主和物业服务企业按照物业服务合同约定,对房屋及配套的设施设备和相关场地进行维修、养护、管理,维护物业管理区域内的环境卫生和相关秩序的活动。物业管理的本质是：管理的是物业,服务的是业主。

（二）分类

1.按物业功能分类

根据使用功能的不同,物业可分为以下五类：居住物业、商业物业、工业物业、政府类物业和其他用途物业。

1）居住物业

居住物业是指具备居住功能、供人们生活居住的建筑,包括住宅小区、单体住宅楼、公寓、别墅、度假村等,也包括与之相配套的共用设施、设备和公共场地。

2）商业物业

商业物业是指通过经营可以获取持续增长回报或者可以持续升值的物业,这类物业又可大致分为商服物业和办公物业。商服物业是指各种供商业、服务业使用的建筑场所,包括购物广场、百货商店、超市、专卖店、连锁店、宾馆、酒店、仓储、休闲康乐场所等。办公物业是从事生产、经营、咨询、服务等行业的管理人员（白领）办公的场所,它属于生产经营资料的范畴。这类物业由于涉及物业流通与管理的资金数量巨大,所以常以机构（单位）投资为主,物业的使用者多用所有者提供的空间进行经营活动,并用部分经营所得支付物业租金。

3）工业物业

工业物业是指为人类的生产活动提供使用空间的房屋,包括轻、重工业厂房和近年来发展起来的高新技术产业用房,以及相关的研究与发展用房及仓库等。工业物业有的用于出售,有的用于出租。一般来说,重工业厂房由于其设计需要符合特定的工艺流程要求和设备安装需要,通常只适合特定的用户使用,因此不容易转手交易。高新技术产业（如电子、计算机、精密仪器制造等行业）用房则有较强的适应性。

4）政府类物业

随着机关后勤管理社会化的实施,机关单位后勤管理工作转交由物业公司进行管理,政府物业逐步成为主流物业形式。由于政府物业的特殊性，对工作人员的综合素质要求较高，特别对人员的保密意识尤为重视。政府物业除居住物业包含的服务内容外，还涉及餐饮、会议、客房及康体等多种、综合类的服务。

5）其他用途物业

上述物业种类以外的物业，称为其他用途物业。这类物业包括赛马场、高尔夫球场、汽车加油站、飞机场、车站、码头、高速公路、桥梁、隧道等。特殊物业经营的内容通常要得到政府的许可。

2. 按房地产项目全寿命管理分类

按照房地产项目开发的不同阶段，物业管理为配合项目的开发主要分为前期介入阶段、入住阶段及全面运营阶段（图 12.1）。

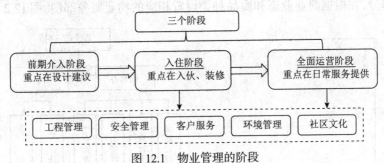

图 12.1　物业管理的阶段

1）前期介入阶段

前期介入是现代物业管理过程中的一项基础性工作，其核心是把物业管理的思想注入物业的规划、设计、施工过程中，使物业最大限度地满足业主的要求，为后期物业管理创造有利条件。此阶段主要工作包括会审图纸、参与质量管理、收集技术档案、熟悉物业区域环境等，重点在设计建议方面。

2）入住阶段

入住阶段是物业管理工作最为繁忙和关键的一个阶段，同时也是物业管理人员展示自身形象，打开工作局面的一个良好契机。此阶段主要工作包括：入住手续的办理、二次装修的管理、客户投诉处理、安全管理等，重点在入伙、装修方面。

3）全面运营阶段

全面运营阶段是物业管理在入住阶段后对物业进行的全面管理工作阶段，主要的物业管理工作包括：车辆及交通管理、消防管理、环境管理、工程设备设施管理、社区文化的开展等，重点在日常服务方面。

二、物业服务企业

物业服务企业是指对建成投入使用的房屋及其附属设备设施、相关场地实施专业化管理，并为业主和使用人提供全方位、多层次的有偿服务及创造良好的生活和工作环境，具有独立法人资格的经济实体。物业企业的组织架构和人员配置与运营成本有着很大的关联，科学合理地组织架构设置和人员配置，有利于降低运营成本，提高经济效益。

（一）物业服务企业的组织架构

物业服务企业的组织架构是物业企业的全体成员为实现企业目标，在管理工作中进行分工协作，在职务范围、责任、权利方面所形成的结构体系，是各要素之间相互关系的一种模式及整个管理系统的"框架"。

物业服务企业的主要功能是为业主服务和对物业进行维护保养。但是因物业类型不同，物业管理企业的组织架构也有所差异。居住物业管理企业按住宅小区设立服务中心开展物业服务的各项业务，而品质管理、工程管理、人力资源、综合管理和财务部门等由物业企业统一设置。相对而言，商业物业管理更多涉及商业经营范畴，但是其经营目标还是通过商业经营提升商业物业的价值。商业物业管理企业的组织构架一般分为招商和运营两部分，并根据商业业态和商品种类设置相应的物业服务部门（图12.2和图12.3）。

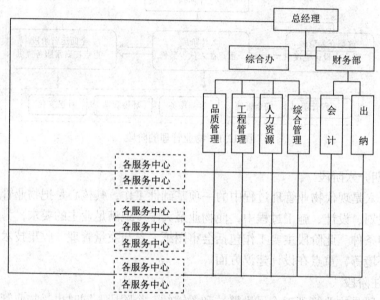

图 12.2　居住物业管理企业组织架构

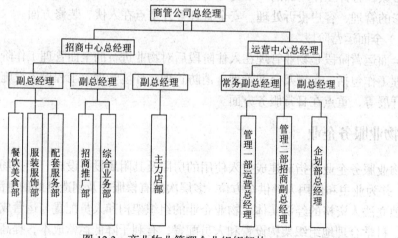

图 12.3　商业物业管理企业组织架构

（二）物业管理企业的外部联系

无论是哪种类型的物业管理企业，其运营都需要与政府行政管理部门、市场相关企业、业主组织和行业协会等发生多种联系（图12.4）。

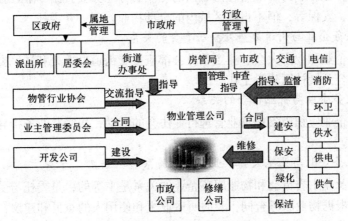

图 12.4　物业管理企业的外部联系

1. 物业服务企业与房地产行政管理部门的关系

物业管理的行政管理是国家或国家行政机关依据有关的法律、法规，对物业管理实施行业管理。其实质是国家通过法律手段、行政手段，建立物业管理的正常秩序，促使物业管理向有利于城市建设和国民经济发展、有利于改善人民群众居住和工作条件的方向发展。

房地产行政主管部门负责物业管理的行业政策和对物业管理活动的指导、监督、管理，主要有以下几方面：①审批物业服务企业的经营资质；②对物业管理招标投标活动实施监督管理；③监督管理日常物业管理活动；④组织物业服务企业参加考评和评比。

2. 物业服务企业与工商、税务和物价等行政主管部门的关系

物业服务企业必须接受工商行政主管部门的监督与指导；物业服务企业要依法将应交税金按时交到税务行政主管部门；物业服务企业制定的物业管理服务收费标准需上报物价行政主管部门核定批准，未经物业主管部门批准，物业管理企业不得扩大收费范围，不得提高收费标准；物业服务企业应认真贯彻"预防为主，人防、物防、机房三者互相结合"的原则，自觉接受当地公安机关或派出所的监督和指导；物业服务企业对固体、水体、大气和噪声污染等行为应该予以制止并揭发检举，其情节严重的，应报环卫部门处理，制止和揭发检举毁坏绿地、树木的行为，其情节严重的，应报园林绿化部门处理。

3. 物业服务企业与供水、供电等单位的关系

供水、供电、供气、供热、通信、有线电视等单位应依法承担物业管理区域内相关管线和设施设备维修、养护的责任；物业服务企业必须加强与各单位的联系，在日常工作中发现属于供水、供电、供气、供热、通信、有线电视等单位维修养护责任范围内的问题，要及时向有关单位通报并督促其及时解决问题，保证业主和物业使用人的正常生活和工作。

4. 物业服务企业与物业建设单位的关系

物业开发建设单位应向物业的所有人或物业服务企业提供物业的使用说明书和工程

质量保证书；物业的开发建设单位和物业服务企业是委托和受委托的关系，双方应按规定办理物业的接管验收手续。

5. 物业服务企业与专业性服务企业的关系

物业服务企业可以将物业管理区域内的专项服务业务委托给专业性强的服务企业，如清洁、绿化、安保等，但不得将区域内的全部物业管理一并委托。

6. 物业服务企业与街道办事处和居委会的关系

物业服务企业和业主大会、业主委员会都应接受街道办事处和居民委员会的工作指导，并积极配合开展社区建设工作。

7. 物业服务企业与行业协会的关系

物业服务企业应积极参加物业管理行业协会的活动，接受其业务指导，促进行业的健康有序发展。

8. 物业服务企业与业主大会、业委会的关系

业主大会及业主委员会和物业服务企业的关系是平等的，是委托与受委托的关系。①业主委员会根据物业服务合同，及时听取业主和使用人的意见和建议，发现问题及时向物业服务企业反映，物业服务企业应主动向业主委员会了解意见，改进自身工作，不断提高物业管理水平。②物业服务企业在制订物业管理区域内的年度房屋维修计划、设备更新改造计划、公用设施维修养护计划时，应主动地、认真地听取业主委员会的意见，并在与业主委员会达成共识的基础上提交物业业主大会讨论。③当业主或使用人对物业管理工作有意见时，物业服务企业应及时改进工作，如有困难应向业主委员会通报。④物业服务企业在组织开展文体娱乐活动时，应当争取业主委员会的理解和支持。⑤日常工作中，物业服务企业应定期或不定期地向业主委员会汇报工作，确保物业服务合同的履行，以有利于提升业主委员会对物业服务企业的认识，协助物业服务企业开展工作，使物业服务企业得到续聘。

三、物业管理的运作基础

1. 物权法和物业管理条例

随着我国城镇住房制度改革的力度不断深化，在住房制度改革和城市建设发展过程中，物业管理这一新兴行业应运而生，全国物业管理企业飞速增加。物业管理的产生和发展，对改善人民群众的生活、工作环境，提高城市管理水平，扩大就业起着积极的作用。为了规范物业管理活动，维护业主和物业服务企业的合法权益，改善人民群众的生活和工作环境，国务院于 2003 年 6 月 8 日首次制定并颁布了《物业管理条例》。

随着房地产的发展，为了维护国家基本经济制度和社会主义市场经济秩序，明确物的归属，发挥物的效用，保护权利人的物权，根据宪法的相关规定，全国人民代表大会于 2007 年 3 月 16 日通过了《物权法》，并于 2007 年 10 月 1 日起施行。《物权法》对物的归属及物业管理方面进行了明确的约定。因此，同年《物业管理条例》以《物权法》的相关内容为基础进行了修订，并于同年 10 月 1 日实施，共 7 章 70 条。新修订的《物业管理条例》改"管理"为"服务"，强调了物业公司由管理向服务职能的转变。

2. 物业服务合同

物业服务合同是指物业服务企业与业主委员会订立的，规定由物业服务企业提供对房屋及其配套设备、设施和相关场地进行专业化维修、养护、管理及维护相关区域内环境卫生和公共秩序的服务，由业主支付报酬的合同。物业服务合同的主体包括建设单位、业主委员会、物业服务企业。物业服务合同的订立则以主体平等、合同自愿（自由）、权利义务公平、诚实信用及守法和维护社会公益等为原则。

3. 业主公约

业主公约是为加强本物业的管理，维护全体业主和物业使用人的合法权益，维护公共环境和秩序，保障物业的安全与合理使用而制定的。业主公约也是业主共同订立的有关物业使用、维修、管理等方面的行为准则。根据《物权法》的有关规定，将"业主公约"修改为"管理规约"，将"业主临时公约"修改为"临时管理规约"。管理规约属于协议、合约的性质，是由全体业主承诺的，并对全体业主（包括非业主使用人）有共同约束力的有关物业使用、维护和管理等方面的权利、义务的行为准则。业主公约主要有两种效力：一是地域效力。业主公约的地域效力是整个物业管理区域，包括业主物业的专有部分、共有部分、共有设备设施等。二是人员效力。由于业主公约必须经过物业管理区域内业主签字承诺，因此业主公约的效力范围涉及全体业主。具体理解为：①业主公约对业主的效力仅限于业主进行的有关物业管理的行为，对其他行为没有效力。②业主公约对非业主物业使用人也发生法律效力。③业主公约对物业的继受人（即新业主）自动产生效力。④业主公约对物业管理事务的具体承担者物业管理企业具有约束力。

四、主要类型物业服务的内容

1. 住宅物业服务

住宅是指按照统一规划、合理布局、综合开发、配套建设的原则开发建设起来的，并达到一定的规模，具有比较齐全的公共配套设施的居住区域。住宅物业服务的内容和标准可指标化表示（表 12.1）。

表 12.1 住宅物业服务内容及标准

序号	服务内容	指标名称	国家及市标准	服务质量保证措施
1	房屋管理	房屋完好率	98%	制订维修技术人员专职负责区域巡查制度,建档记录,确保外观整洁,无破损立面,房屋无改变使用功能,无私搭乱建,公用设施及通道无随意占用现象
2		房屋零修、急修及时率	99%	急修、零修人员接到维修通知,及时赶到现场。零修在现场及时完成;急修不过夜,工作量过大以协商形式解决,并按照维修回访制度进行回访记录、质量跟踪
3		维修工程质量合格率	100%	分项监督检查,结合部位,严格把关,按照工序维修到位,杜绝二次返工
4	环境管理	保洁率	99%	由专职保洁员进行保洁,并实行巡查制度,建档记录,由主管监督,确保垃圾日产日清,设施完好,洁净卫生

续表

序号	服务内容	指标名称	国家及市标准	服务质量保证措施
5	环境管理	绿化完好率	95%	指定专职绿化员负责维护制度，并实行园艺师直接负责的巡查制度，建档记录，确保小区绿地树木无破坏、无黄土裸露、无病虫害现象
6		道路、车场完好率及使用率	95%	指定共用设施管理员进行维护并实行巡查制度，建档记录，由维修主管负责监督。建立健全道路、停车场管理制度，责任落实到人
7		化粪池、雨水井、污水井完好率	95%	由工程维修部清理疏通及维修，按相应作业规程实施，有检查记录，使排放畅通，无堵、无塌陷、井盖完好无损
8	附属设备与设施管理	排水管明暗沟完好率	95%	维修工作依计划定期进行，发现问题及时维修，达到排水畅通，无积水、无污染、无塌陷、无残缺的目标
9		路灯完好率	95%	维修工每日检查，随坏随修，保证路灯完好无损，夜间正常使用，经常维修保养，保持洁净
10		停车场、自行车棚完好率	98%	每日检查，随坏随修，使车辆行驶停泊有序、车场无损坏，道路无积水、平坦整洁，设施完好无损
11		公用设备设施及小品雕塑完好率	95%	每日检查，发现问题及时维修，定期按计划实施维修、维护工作，确保使用功能，保持外观造型完好无损
12		小区内治安案件发生率	年 1‰以下	实行 24 小时保安巡视制度，设立 24 小时报警中心，充分利用小区智能化设施，实施"人防、技防、物防"三防结合的治安管理，确保小区居民人身财产安全
13	安全管理	消防、智能化设施完好率	95%	每日巡检与定期保养相结合，确保设施设备完好无损，各项记录齐全
14		火灾发生率	年 1‰以下	加强防火宣传教育和防患措施，配齐消防器材，检查发现隐患时要及时处理，并组织强有力的兼职消防队伍
15		违章发生率	1‰	建立巡视制度，对区内各类违章进行巡查，发现问题及时处理，对违章现象跟踪管理，建档记录，通过宣传教育活动使区内居民自觉杜绝违章
16		违章处理率	95%	
17		住户有效投诉率	2‰	按政策规定做好各项工作，强化服务意识，了解住户需求，满足住户合理需求，及时为住户排忧解难，投诉处理有记录、有回访
18		住户投诉处理率	95%	
19		管理人员专业培训合格率	90%	管理人员持证上岗，培训与自学相结合，有培训制度、培训计划、培训考核、培训记录，保证工作人员较高的专业素质
20	服务质量管理	维修服务回访率	95%	建立严格的工作制度、回访制度，做好回访记录、工作记录，上门回访与电话回访结合，使业主满意
21		物业管理满意度	95%	采用现代科学的管理手段，提供温馨服务、亲情服务，在日常服务过程中及时收集住户需求信息，尽可能满足住户需求，与住户加强沟通，确保住户对物业管理满意
22		档案建立与完好率	98%	专人管理，分类存放，便于检索，保证档案资料齐全
23		管理费收缴率	90%	按照规定收取费用，杜绝擅自提高收费标准和乱收费情况，合理使用费用

2. 商业物业服务

商业物业服务内容包含管理和经营两大模块，其中，安全管理、消防管理、房屋及附属设备设施管理、清洁卫生管理、车辆管理为物业管理常规业务，对小业主或承租商管理、商业形象的宣传推广管理、商铺广告管理、商铺业户服务管理、商业物业保险管理为物业经营业务模块。

1）安全管理

商业物业面积大、商品多、客流量大，容易发生安全问题。因此，商业物业安全管理服务主要是为顾客提供安全、放心的购物环境，并确保商业场所的物品相对安全。商业物业安全管理工作主要有：24小时值班巡逻；商业物业实施全方位监控；营业结束时进行严格清场；制订安全管理预案，在紧急情况下启动、实施安全预案；配合政府相关部门相关工作，建立健全公共危机处理机制。

2）消防管理

商业物业客流量大，各种商品摆放较密集，且物品种类多，商业物业消防管理工作主要有：物业服务人员应具备消防知识，熟悉灭火器等消防器材的使用方法，同时增加宣传提高商户消防意识；配置各种消防标识，并保持标识的完整、清晰；物业服务人员应熟知应急措施，并定期对租户进行相应培训，在紧急情况下能有效组织灭火、人员疏散等；定期或不定期组织商业物业的消防演习，提高应变能力；定时、定期对消防设备设施进行检查维护，确保有效性。

3）房屋及附属设备设施管理

商业物业房屋及附属设备设施管理工作主要有：保证电梯、手扶梯、中央空调、电力系统等的正常运行；结合商业营业时间，制订设备设施的日常性、阶段性维修养护计划，使养护计划实施不影响商业正常经营活动；建立有效的巡视检查制度，确保设备设施正常运行；对电梯、中央空调等重点设备做好对外委托养护工作的监管，为客户提供顺畅的交通和适宜的温度；设备设施的保修应第一时间处理，保持高效率。及时整改易造成客户损伤的因素。

4）清洁卫生管理

商业物业清洁卫生管理工作主要有：专人对商业场所进行流动性保洁，将垃圾杂物及时清理外运，保持清洁卫生；依据商业物业营业时间，定期、定时对地面进行打蜡、抛光等养护工作，并随时擦拭各种指示标识等；定期清洁商业物业外墙面、广告牌等，确保商业物业的外观形象；制订适合商业物业的保洁服务质量标准，设立清洁检查机制，并保证有效落实和实施，确保质量标准的有效完成。

5）车辆管理

商业物业车辆管理工作主要有：专业负责维护交通，安排车辆停放；分设货车、汽车、摩托车、自行车专用停放场所；对于商场的卸货平台应设专人管理，进行指挥与监管；车辆停放区域有良好的巡查机制，及时发现和解决问题；物业服务企业与交通管理部门建立良好的关系，有助于本商业物业的车辆疏导工作和简单处理交通纠纷问题。

6）对小业主或承租商管理

统一产权的公共商用楼宇，因为其经营者都是承租商，建议在承租合同中写进相应的管理条款，对承租户的经营行为进行规范管理，也可以以商场经营管理规约的形式对他们进行管理引导。对于分散产权型的公共商用楼宇，一般采用管理规约的形式，明确业主、经营者与管理者的责任、权利和义务，保证良好的经营秩序。

7）商业形象的宣传推广管理

商业物业服务应做好楼宇商业形象的宣传推广，以公共商业场所特有和专用的文字、图案、字体组合成一定的基本标志，作为顾客和公众识别楼宇的特征，并深入贯穿公共商业场所形象的全部内容，如企业名称、商标、招牌、证章，以及企业简介、广告、员工服装、办公室、展厅等；确定业主、经营者与管理者的责任、权利和义务，保证良好的经营秩序；提供顾客延伸服务，如手机加油站、母婴室、快速冲印照相店、客户休憩点、箱包寄存点等。配合营销推广，为提升商业的知名度和美誉度聚集人气，物业要配合商业举办的推广活动，吸引消费者。

8）商铺广告管理

业户为了树立企业形象，追求经济利益，必然采取许多宣传和促销手段。除电视、报刊广告以外，最有效、最直接的就是在商业物业主体周边与商业物业内部悬挂醒目的招牌、广告牌、条幅，张贴宣传品。物业公司为了规范商业物业的环境秩序和整体形象，在支持商业宣传策划的同时，必须加强商业物业的广告宣传管理。商业物业的整体布局设计应根据各铺位上的宣传广告（包括灯光广告、灯饰、条幅、张贴、悬挂品等）与商业物业整体设计相协调，这就要求承租业户的广告设计必须经过物业管理处审核，以做到管理有序，不破坏商业物业的整体设计格调。

9）商铺业户服务管理

业户服务工作职能分为业户服务和内部管理。包括：接待与联系；装修管理；纠纷、投诉处理；报修接待；走访回访；内外联系（内部联系、外部联系）。

10）商业物业保险管理

商业物业管理中保险管理是必不可少的。在商业物业的维修施工和广告安装中，均有可能发生意外（包括火灾），对业户、顾客、员工造成伤害；在保洁操作中，也有可能发生保洁工未按"规程"操作，使用湿拖布拖地造成顾客滑倒摔伤的情况；或雨天地滑，顾客在商业场所进门处滑跤跌伤。这些都有可能向物业管理方提出索赔，所以，物业公司应主动向商业物业方（大业户）和各业户在投保减灾上提供建设性意见。

第二节　物业经营与管理实习方案

一、实习方案一——物业管理方案的制订

（一）实习目的与要求

1. 实习目的

（1）培养学生从物业项目的特点和管理要求出发、结合某一物业项目开展资料收集，

解决问题的能力。

（2）培养学生结合某一物业项目制订相关物业管理方案的能力。

2. 实习要求

（1）物业项目现场踏勘。

（2）了解物业服务的业务内容及工作流程。

（3）发现物业服务存在的问题。

（4）制订优化物业服务的工作方案。

（二）实习规程指引

1. 实习内容

（1）住宅物业管理。

（2）商业物业管理。

（3）写字楼物业管理。

（4）特殊物业管理。

2. 实习步骤

（1）选择调研项目：选择多种类型的物业或任选某种物业作为调研项目。

（2）现场调研物业项目情况：了解物业项目的组织架构、物业服务的业务内容及相关实施流程。

（3）整理调查内容：对现场调研的项目相关情况进行汇总与整理。

（4）撰写调查报告：对所调查的物业项目的产权情况、物业服务企业/物业服务中心的组织架构及物业内容和流程，是否具有相应的增值服务或特色服务等进行汇报与总结，提出优化建议。

二、实习方案二——GIS 在物业管理中的运用

（一）实习目的与要求

1. 实习目的

运用 GIS 技术解决物业管理中存在的某一现实问题，提高物业管理的效率。

2. 实习要求

（1）识别物业管理中可运用 GIS 技术来解决的具体问题。

（2）提出 GIS 技术在某一物业管理中的运用策略。

（3）GIS 运用策略的具体实现。

（二）实习规程指引

1. 实习内容

（1）GIS 在设施管理中的运用。

（2）GIS 在客户关系管理中的运用。

（3）GIS 在物业供需匹配中的运用。

（4）GIS 在企业形象管理中的运用。

2. 实习步骤

（1）选择任何一个实习内容，面向某一物业公司，开展企业访谈。

（2）分析案例企业的管理需求与业务流程，探讨 GIS 在其中的运用策略。

（3）收集相关物业的数据，针对具体策略完成 GIS 的技术实现。

3. GIS 在物业管理中运用方向指引

GIS 技术发展已非常成熟，其应用领域也极其广泛。广州大学地理科学学院蔡砥认为 GIS 可以在以下四个方面与不动产管理相结合。

（1）GIS 与设施管理（facility management，FM）。设施管理是 20 世纪 90 年代提出的 GIS 应用方向。经过多年发展，GIS 在官网管理、电力网管理、路灯管理、道路设施管理等方面已经成熟。GIS 提供了两个方面的主要功能：一是设施空间数据的管理、查询和统计，如在给定范围内的管线分类管理等。二是空间分析。GIS 在大型社区设施综合管理方面应用前景广阔，如设备抢修时的阀门关断影响分析。城市网格化管理的系统平台对物业管理 GIS 的发展起到良好促进作用。

（2）GIS 与客户关系管理（customer relationship management，CRM）。客户关系管理是物业管理的重要业务内容。但往往忽略了客户的地理分布特征。对于大型商业物业而言，客户的地理分布分析将有助于客户关系的维持，也有助于发掘潜在客户。在 CRM 中，GIS 发挥的主要功能是空间统计查询，可以分不同省、市或社区对客户信息进行管理和挖掘。

（3）GIS 与供需匹配（supply demand match，SDM）。在涉及地理环境的供需匹配中，GIS 具有极大的优势。在工业厂房租赁业务中，不同制造业对厂房的地质、水文、交通和基础设施等条件的要求不同。而 GIS 对这些条件要素的空间管理功能可以根据客户需求快速准确地推荐适宜的厂房房源。

（4）GIS 与企业形象管理（corporate image management，CIM）。对于商业物业、工业物业，位置与建筑外观信息是基本的企业形象符号。GIS 可以在这方面帮助企业形象管理。结合 Google Earth、SketchUp，用户可以将物业模型放置到 Google Earth 里，并可添加自己的标注介绍与图片向目标人群展开营销。

参 考 文 献

白光润. 2009. 应用区位论. 北京: 科学出版社.

北京市人民代表大会常务委员会. 1994. 北京市基本农田保护条例.

陈茵茵. 2008. 区域可持续土地利用评价研究. 南京: 南京农业大学硕士学位论文.

范炜. 2009. 城市居住用地区位研究. 南京: 东南大学出版社.

方斌. 2012. 土地管理专业实习教程. 北京: 科学出版社.

符太成. 2009. 建设用地集约利用评价研究. 武汉: 华中农业大学硕士学位论文.

广东省国土资源厅, 广东省农业厅. 2012. 广东省高标准基本农田建设规范(试行).

广州市质量技术监督局. 2014. 房屋面积测算规范（DBJ440100/T 204—2014）.

郭珂. 2014. 基于GIS的县域新型农村社区布局优化研究. 郑州: 河南大学硕士学位论文.

贾士军. 2002. 房地产项目全程策划. 广州: 广东经济出版社.

贾士军. 2004. 房地产项目策划. 北京: 高等教育出版社.

江文亚, 郑新奇, 杨玲莉. 2010. 村镇建设用地集约利用评价研究. 水土保持研究, 17(3): 166-170.

李海峰. 2008. 中国房地产项目开发全程指引. 北京: 中信出版社.

林坚, 张沛, 刘诗毅. 2009. 论建设用地节约集约利用评价的技术体系与思路. 中国土地科学, 23(4): 4-10.

林增杰. 2007. 地籍学. 北京: 科学出版社.

陆红生. 2007. 土地管理学总论. 北京: 中国农业出版社.

纳雷希 K. 马尔霍特拉. 2005. 市场营销研究:应用导向(第3版). 涂平等译. 北京: 电子工业出版社.

秦明周. 2009. 耕地保护制度、绩效与案例. 北京: 科学出版社.

曲林静. 2010. 珠三角地区建设用地集约利用评价研究. 广州: 广州大学硕士学位论文.

全国土地估价师资格考试委员会. 2004. 土地管理基础. 北京: 地质出版社.

邵泽慧. 2012. 山西省侯马市农村居民点布局优化研究. 北京: 中国地质大学(北京)硕士学位论文.

史同广, 郑国强, 王智勇, 等. 2007. 中国土地适宜性评价研究进展. 地理科学进展, 26(2): 106-115

谭术魁. 2011. 房地产开发与经营. 上海: 复旦大学出版社.

陶云彪. 2010. 房地产定位意义及要素分析. 企业活力, (05): 14-16.

王重玲. 2014. 宁夏中部干旱带农村居民点空间布局优化研究. 银川: 宁夏大学硕士学位论文.

王万茂. 2006. 土地利用规划学. 北京: 科学出版社.

王铮, 邓悦, 葛昭攀, 等. 2002. 理论经济地理学, 北京: 科学出版社.

文雯, 周宝同, 黄勇, 等. 2013. 重庆市农村居民点整理优先性评价研究. 水土保持研究, 20(6): 289-295.

夏联喜. 2010. 房地产产品规划与组合配比技巧. 北京: 中国建筑工业出版社.

薛展鸿. 2015. 广州市农村居民点空间布局特征及优化研究——以番禺区, 从化区及南沙区为例. 广州: 广州大学硕士学位论文.

杨继红. 2010. 基于模糊综合评判法的土地集约利用评价研究. 长春: 吉林大学硕士学位论文.

杨立, 郝晋珉, 王绍磊, 等. 2011. 基于空间相互作用的农村居民点用地空间结构优化. 农业工程学报, 27(10): 308-315.

余源鹏. 2011. 房地产项目精确定位与前期策划实务. 北京: 机械工业出版社.

张红. 2005. 房地产经济学. 北京: 清华大学出版社.

赵刚, 张凯选, 鲍勇. 2013. 土地管理与地籍测量. 北京: 清华大学出版社.

赵丽, 朱永明, 付梅臣, 等. 2012, 主成分分析法和熵值法在农村居民点集约利用评价中的比较. 28(7):

235-242.

赵延军, 薛文碧. 2006. 房地产策划与开发. 北京: 机械工业出版社.

郑荣宝, 陈美招. 2012. 广州市建设用地集约利用评价与预警研究. 土壤通报, 43(1): 107-113.

郑岩. 2008. 住宅房地产项目前期策划阶段的价格定位. 长沙: 中南大学硕士学位论文.

中华人民共和国国家土地管理局, 农业部. 1996. 划定基本农田保护区技术规程.

中华人民共和国国家质量技术监督局. 2000. 房产测量规范 (GB/T 17986.1—2000).

中华人民共和国国家质量监督检验检疫总局, 中国国家标准化管理委员会. 2007. 土地利用现状分类标准 (GB/T 21010—2007).

中华人民共和国国土资源部. 2008. 建设用地节约集约利用评价规程 (TD/T1018—2008).

中华人民共和国国土资源部. 2009. 基本农田数据库标准 (TD/T1019—2009).

中华人民共和国国土资源部. 2010. 开发区土地集约利用评价规程 (试行).

中华人民共和国国土资源部. 2010. 县级土地利用总体规划编制规程 (TD/T 1024—2010).

中华人民共和国国土资源部. 2011. 高标准基本农田建设规范 (试行).

朱德举, 刘秀华. 2004. 我国农地保护制度问题分析. 中国土地, (7): 24-28.

Brown S. 1989. Harold Hotelling and the principle of minimum differentiation. Progress in Human Geography, 13(4): 471-493.

Brown S. 1992. Tenant Mix, Tenant Placement and Shopper Behaviour in a Planned Shopping Centre. The Service Industries Journal, 12 (3): 384-404.

Brown S. 1993. Retail location theory: evolution and evaluation. The International Review of Retail Distribution and Consumer Research, 3(2): 185-229.

Christaller W. 1933. Die zentralen Orte in Süddeutschland, Jena: Gustaf Fisher. Translated by Carlisle W and Baskin C W, as Central places in southern Germany.Prentice-Hall, Incorporated Englewood Cliffs, New Jersey.

Christaller W, Baskin C W. 1966. Central places in southern Germany, Physical Review E Statistical Nonlinear and Soft Matter Physics, 67(2): 118-126.

Clarkson R M, Clarke-Hill C M, Robinson T. 1996. UK supermarket location assessment. International Journal of Retail and Distribution Management, 24 (6): 22-33.

Corrocher N, Cusmano L, Morrison A. 2009. Modes of innovation in knowledge-intensive business services Evidence from Lombardy. Journal of Evolutionary Economics, 19(2): 173-196.

Eaton B C, Lipsey R G. 1979. Comparison shopping and the clustering of homogeneous firms. Journal of Regional Science, 19(4): 421-435.

Grantham C, Carr J. 2002. Consumer Evolution: Nine Effective Strategies for Driving Business Growth. New Jersey: John Wiley and Sons.

Hayter R. 1997. The Dynamics of Industrial Location: The Factor, the Film and the Production System. New Jersey: John Wiley and Sons.

Hotelling H. 1929. Stability in competition. The Economic Journal, 39(3): 41-57.

Ishijima H, Maeda A. 2005. Real estate pricing models: theory, evidence, and implementation. Asia-Pacific Financial Markets, (22)4: 369-396.

Salvanesch L. 2002. Location, Location, Location: How to Select the Best Site for Your Business. Portland: Oasis Press.

Weiszfeld E. 1973. Sur le point pour lequel la somme des distances de n points donnés est minimum. Tohoku Math. J, 43: 355-386.

附 录

表 1 《全国土地分类（试行）》代码表

地类代码	地类名称
1000	农用地
1100	耕地
1110	灌溉水田
1120	望天田
1130	水浇地
1140	旱地
1150	菜地
1200	园地
1210	果园
1211	可调整果园
1220	桑园
1221	可调整桑园
1230	茶园
1231	可调整茶园
1240	橡胶园
1241	可调整橡胶园
1250	其他园地
1251	可调整其他园地
1300	林地
1310	有林地
1311	可调整有林地
1320	灌木林地
1330	疏林地
1340	未成林造林地
1341	可调整未成林造林地
1350	迹地
1360	苗圃
1361	可调整苗圃
1400	牧草地
1410	天然草地
1420	改良草地

地类代码	地类名称
1430	人工草地
1431	可调整人工草地
1500	其他农用地
1510	畜禽饲养地
1520	设施农业用地
1530	农村道路
1540	坑塘水面
1550	养殖水面
1551	可调整养殖水面
1560	农田水利用地
1570	田坎
1580	晒谷场等用地
2000	建设用地
2100	商服用地
2110	商业用地
2120	金融保险用地
2130	餐饮旅馆业用地
2140	其他商服用地
2200	工矿仓储用地
2210	工业用地
2220	采矿地
2230	仓储用地
2300	公用设施用地
2310	公共基础设施用地
2320	瞻仰景观休闲用地
2400	公共建筑用地
2410	机关团体用地
2420	教育用地
2430	科研设计用地
2440	文体用地
2450	医疗卫生用地
2460	慈善用地
2500	住宅用地
2510	城镇单一住宅用地
2520	城镇混合住宅用地